出版人に聞く 4

リブロが本屋であったころ

LIBRO

中村文孝
Nakamura Fumitaka

論創社

リブロが本屋であったころ　目次

目次

リブロが本屋であったころ

インタビュー・構成　小田光雄

第Ⅰ部

1　前口上

――このシリーズに中村文孝さんの登場をお願いしたら、インタビュー形式よりも、対談というニュアンスを反映させてほしいとのことでしたので、うまく進められるかわかりませんが、そんな感じで始めさせてもらいます。
中村さんとは三十年ほど前から知り合っているのだけれど、こうしてあらためて話をするというのは初めてじゃないかしら。

中村　そうだね、喫茶店で誰かをまじえて何度か話したくらいで、お互いにやはり仕事に追われ、時間もなかったから。

――ジュンク堂時代はリブロとはまた異なる忙しさのように映ったこともあり、ゆっくり話したのは一度しかなかったような気がする。それなのに忙しい中をわざわざ私の講演に田口久美子さんと一緒にきて頂いて、とても恐縮した記憶もあります。

中村　あれは確か二〇〇〇年の六月頃じゃなかったかな。かなり盛況だったし、講演は『図書新聞』にも掲載されたから、委託再販制やブックオフに関する論議が現在まで続けばよかったのに、途切れてしまった。それが残念だった。

――〇一年に佐野眞一の『だれが「本」を殺すのか』（プレジデント社）が出たことによって、出版危機の真の実態が隠蔽され、完全にミスリードされてしまったことによっている。あれからもう十年になるわけですが、こうして中村さんとインタビュー的対談の機会を持てたわけだから、そこら辺の話やその後の十年の話も含めて、色々と話してみましょうか。

中村　これは仕方がないんだけど、このシリーズの1として『「今泉棚」とリブロの時代』（論創社）が出て、すぐに永江朗氏の『セゾン文化は何を夢みた』（朝日新聞出版）が続き、それに有楽町西武の閉店も重なっているので、この対談もリブロとセゾン関連の一冊だと見なされてしまうのが残念だね。

永江さんの本には私のインタビューも入れてもらっているけど、私なりのポジションも語っておいたほうがいいのかな。

ただいきなり出版業界の核心の話というわけにはいかないので、イントロダクションとして、私たち戦後世代特有の本の話から始めていったらどうでしょうか。

2　文学と小説の時代

——今泉氏は高校時代のデカルト体験から始まったといっている。

中村　それに象徴されるように、彼は思想系なんだけど、私の場合はほとんど文学系だった。そこが彼と私のちがうところで、リブロ時代の仕事にも反映されていたはずだ。

——実は私も小説なんだよね。

中村　やっぱりね、だから書店に入る最初の取っかかりは小説を読んできたことに尽きると思う。最も夢中になって読んだのは高校、大学の教養課程時代で、大学の一、二年はロックアウト状態だったんで、読む時間はたっぷりあった。

——ほぼ同じ状況ということになる。

中村　私は明治だったので、一、二年は和泉校舎で過ごすはずなのに、ロックアウトのせいで二年間でわずか五、六回しかいっていない。それで四年になって、教養で落とした体育の単位を取るために、週一回朝八時半から夜十時までの授業を受けたぐらいだ。

でもその大学一、二年の時は本も読んだけど、どちらかというと悪さをしているほうが多かった。

――悪さの内容はあえて聞きませんが、私の友達が和泉の自治会の委員長だったので、推測はつきますよ。

中村 だからどちらかといえば、高校の頃のほうがよく読んでいたし、それが大学で仏文を選ぶ動機につながっている。

3 書店体験

――これは今泉、伊藤の両氏とも話したことなんだけれども、住んでいる場所によって、書店の偏在と商品構成の差異があり、それが本と読書体験に密接に関連している。

中村 それは大いにあると思う。

――これは奇妙に思われるかもしれないが、当時の書店は小さかったわりにはそれぞれ品揃えが異なっていて、今のように均一、画一化していなかった。逆に大型店化するようになって均一、画一的になっていったという現象を見ている。

中村 私の場合、生まれは長野だが、小学校からは埼玉の大宮に移っていた。当時の埼玉で、新刊書店といえば、浦和の須原屋だろう。今でもあるけれど、かつては天下の須原屋という感じだった。これは書店に入ってから知ったんだけれど、全国の書店の後継者の研修所も兼ね、専門の社屋も備え、須原屋学校と称されていた。今はもうないそうだが。

――それは一九七六（昭和五十二）年に出された『須原屋の百年』という社史を見るとよくわかる。埼玉県の教科書出版にも携わり、地方の屈指の老舗書店だった。

中村 だからこれという本はかならず須原屋へ買いにいっていた。それは私だけじゃなくて、当時の埼玉県南部で暮らした人たちの共通体験だったと思う。ただ私は大宮だったので、一般的な本は押田謙文堂で買っていた。この店も幸いにして今でもある。

――それと、これは中村稔の『私の昭和史・戦後篇』（青土社）を読んで知ったのですが、大宮に岩波書店の特約店があったらしい。

中村 確かに大宮にあった。駅の東口を降りて、左に曲がった角にあり、立地は最高で、公論社という名前の本屋だった。中央公論のＯＢの人がやっていて、取次の鈴木書店のダンボールも店の前に置かれていた。

――中村親子は父親が裁判官で、息子のほうは弁護士だったから、二代続けてそこで本を買っていたようだ。

中村　中村稔氏も大宮だから。それに公論社には中央公論社だけではなく、岩波書店の本はほとんど揃っていた。

――それが七〇年代前半にやっていけなくなって、新聞でも地方における専門書店の廃業ということで話題になった。

中村　いや、それは岩波書店の本が売れなくなったということよりも、店主が何か余計なものに手を出したことが原因だとされている。その後始末がどうなったのかは知らないけれど、今はファストフードの店になっている。

――でもその店はきっと戦前から専門書を売ってきて、岩波書店の特約店になったんだろうから、今考えれば、いかに大宮が文教地区だったとしても信じられない気がする。

4　長野と大宮の暮らし

中村　戦前から戦後の六〇年代にかけて、岩波書店の文化的威光は今の私たちが想像するもの以上だったんじゃないかな。私が生まれ育った長野にしても、岩波書店の特約店があった。福音館の本もあって児童書ではユニークな店だった。もっとも長野県は岩波茂雄の出身地だから当然というかもしれないが、彼は南信出身で、長野は北信。これは別の地域なんだ。

私が育ったのは長野市の権堂なんです。その商店街に書店があり、そこで本を買ってもらい、読むようになるきっかけが生まれた。

―― 権堂商店街は今泉氏のインタビューを終えた後、森下さんと飲みに出かけたところですよ。

中村 あそこの参道筋で育てられたわけです。当時私はおふくろの一番上の姉さんの家に預けられていて、そこでよく本を買ってもらった。さすがに岩波書店の児童書ではなかったと思う。おそらくボール紙の絵本で、確か『ももたろう』のようなものだったように記憶している。きっとそれが最初に読んだ本だと思う。

その家が古い家だったので、色んな本があった。改造社の本とかが。ただそれは後に何度か行ってから、わかったんだけれども。

―― これも今泉氏との話に出ましたが、古い家云々でいうと、私たちが育ってきた時代と住居環境には長屋とか離れがつきもので、その長屋や離れには古い物が入っていたり、家族の他に近親者などが住んでいたりした。

中村　私は大宮で県営住宅に住んでいた。両親は大陸からの引き揚げ者で、その県営住宅がいわゆる長屋で、二世帯が壁をはさんで一緒に住んでいて、庭付き一戸建二世帯の平屋だった。

――　わかります、七〇年代までは私の知り合いの高校教師が同じような県営住宅に住んでいましたから。

中村　その長屋の六畳二間プラス台所で、私と兄貴が育っていくわけなんだけど、当然狭くなる。そこで庭がついているから、プレハブ小屋を建てることになる。これが私が体験した離れに当たるわけ。二段ベッドを入れて、兄貴が持ってきた色んなエロ本も読んだ記憶もある。こうした場所で暮らしていた連中も同世代にかなりいたし、そこが家庭と異なる秘密めいた場所にもなっていて、エロ本なんかも持ちこまれた理由だよね。

――　もうひとつの長屋というのは田舎の旧家だと、必ず母屋の脇に長屋があって、戦後引き揚げてきたその家の親族なんかが一時的に暮らしていたりした。その長屋の二階には長持ちとか、使わなくなった箪笥、昔の不用品など、それに古い雑誌や本などが置かれていて、何かのきっかけで、そういった雑誌や本なんかを読んでしまったことがあった。

中村　それは私も同じだ。小学三、四年の頃からかな、両親が働いていたので、毎年夏休みになると、権堂とは違う今は須坂市になっている信州の田舎に預けられていた。今は建て替えられ、その面影はまったくなくなってしまったが、やはり昔の旧家で、部屋数が十七、八もあり、茶の間も含めた一階のひと部屋は何と七十畳ぐらいあった。街道沿いの庄家だったから。下が煙草とか塩などの専売品を売る店の上の天井ウラみたいな二階が私の部屋だった。

――今でもそういう感じの古い店舗が旧街道沿いに残っていますね。

5　古雑誌と本棚

中村　その二階のことでよく覚えているのは、一夏を過ごして翌年の夏にまたくるわけだが、一年前に散らかしたままの状態であることだった。下で売る物は別にして、雑多な物が置かれ、戦前の雑誌がかなりあって、これを隠れて読む習慣を身につけた。それで昔の婦人誌なんかも結構読んだ。

――いいですねえ、そういう機会と場所を得て読んだ雑誌のグラビアページなんかはずっと記憶している。

おそらく高度成長期まではそういう時間の流れだったと思う。ところが高度成長期に入ると、翌年いくと生活と風景が変わっているようになる。そしてそれが転換期だったと後になってわかる。

五木寛之が金沢の夫人の実家の長屋で、戦前の『改造』などの束を見つけて読みふけり、そこに書かれていた記事や報道に触発され、いくつもの作品を書いている。これはよく知られたエピソードだと思うけれど、これも典型的な長屋と雑誌の物語のひとつだろう。

中村 そういうことでいうと、私たちは本や雑誌に関しても貧しかった時代の最後を少しかじっている世代に属している。その頃家に本があるというのは、それなりの家だからだ。

―― 本当にそうですね。

中村 おそらく戦前から本を多く持っているのであれば、かなり裕福でしかも学歴があると考えられた。

―― それにいかに一冊一円の円本といっても、当時の一円は今の三千円以上だったと思われるので、誰もが買えたわけではない。

またあらためて考えてみると、戦後生まれの私たちだって普通の家で本棚を見た記憶がない。

中村　そう、普通の家にまだ本棚はなく、あったとすれば、ガラス戸のついた本箱だった。

――　私はそれこそ長屋にあった小さな本箱の扉を外して使っていたけど、あれは量が入らない。

中村　量が入るスチール製の本棚というのは大学時代になって使うようになったもので、あれが出現して、本箱から本棚への変遷があったんじゃないかな。つまり本が大衆消費財の顔を合わせ持つようになって収容量が問題になったからだと思う。

――　大学生協が安く開発したもので、五段か六段のスチール製本棚は必ず友人たちのアパートや下宿にもあって見慣れていたが、確かに変遷を物語るものかもしれない。それに変なことをいうようだけど、あの本棚を持っていた連中はみんな自分なりの棚づくりをやっていたわけだから、書店に入った人たちの棚づくりに生かされたとも考えられる。

中村　それは面白い視点だね。

6 様々な古本屋

――ちょっと書店のことから本棚の話になって、ずれてしまったので、話を戻します。新刊は須原屋と押田謙文堂がメインだったけど、古本屋にも通っていたんでしょう。

中村 当時キクヤという古本屋が氷川神社の参道沿いにあって、中学時代からそこで本を買うことが多かった。今はかなり離れたところでやっているらしい。大宮の戦後のどさくさに生まれた闇市の名残りみたいな場所にあった。おそらく不法占拠で古本屋を営んでいたと思う。

――さっき中村さんがいわれた貧しかった時代の最後の記憶じゃないけど、私たちから数年後の世代になると、闇市のことは覚えていないみたいだね。それと戦後の古本屋というのも色々あって、多種多様な人々が古本屋を営んでいた時代が確かにあった。私も中学時代に出入りしていた古本屋のことを書いて、それをあなたにも送ったと思いますが、私たちの世代には消えてしまったにもかかわらず、記憶に残っている古本屋が必ずある。それらの意味は私たちにしてみると意外に大きい。

中村　大学生になってからの古本屋体験とまったくちがう。私の場合はキクヤから始まって、高校時代からは高田馬場に出かけるようになり、大学に入ってからも早稲田には通っていた。

主として近代文学が目当てだったから、金峯堂とか文英堂とか二朗書房に入り浸っていた。今では平野書店が近代文学方面で突出しているけど、その当時はまだ早稲田にいなかった。あの頃は古本屋に本当に世話になった。

――神田の古本屋はどうだったんですか。あの頃の神田のイメージというのは非常に敷居が高くて、それに値段も高かったので、私ももっぱら早稲田の古本屋を利用していた。

中村　私が神田にいくようになったのは大学に入ってからで、確かに敷居も値段も高かった。

――やっぱりそうなのか。

中村　でも専門性といったら、神田に軍配を上げるべきだろうね。大学に入ってから一番世話になったのは田村書店で、あそこは洋書も含めて、フランス文学や外国文学書ではずば抜けていた。今は店主の奥平さんも年をとってしまったけど、彼がまだ若い頃で、二階には親父さんがいた。あの親父さんは優しい人なのに、「君、これを読むにはちょっと早いよ」なんて辛辣なことをいわれたりした。

―― 神田の古本屋、ここにありという感じだね。その話を聞いて思い出すのは総じて早稲田の古本屋の場合、文献堂の店主にしても、物言いが優しく、いばっていなかった印象が強い。それが神田と早稲田のちがいだったかもしれない。

中村 しかしそれも今では「去年《こぞ》の雪今いずこ」という感じで、あの時代に比べて、古書業界の凋落もすさまじく、電子書籍問題もあるから、こちらも転換期を迎えているだろうね。

7 七〇年代の出版社

―― 私たちの世代は学生時代を含めて、もちろん色々とあったわけだけど、戦前世代とは異なる意味で、本を読んで育ってきたといえる。それは戦後特有の文化の時代、GHQの占領民主主義教育政策としての学校図書館法制定を背景とする全国的な小中高における図書室の設置、貸本漫画から始まったコミックの隆盛などによっているのと、今になってあらためて確認できる。

だから新刊書店、古本屋体験も相俟って、出版物や出版社に対する親近感、もしくはできたら出版社に入りたいという希望を、かなり多くの学生たちが持っていたんじゃないかな。ところが現実的に大手出版社は確か学校推薦が必要で、成績優秀でないと入社試験が受けられなかったはずで、狭き門だった。中小出版社に至ってはコネか、新聞広告の社員募集によるものしかなく、いずれにしても限られた人数しか求められていなかった。

そこで同時代に自らが立ち上げていったのが他ならぬ森下さんの論創社、現代書館、倒産してしまいましたが、小沢書店などがあった。そんな時代だったから、中村さんも最初は出版社に入るつもりだったと聞いていますが。

中村　私の場合、明治の仏文だったこととその文学部長が斎藤正直さんだったこともあって、「白水社にいけ」と言われた。当時仏文科はそんなにあるわけじゃなくて、正直さんが白水社の顧問をやっていたからです。そういうコネでしか採らないことを知っていたけど、離れをともにしていたうちの兄貴も出版社に勤めていて、私が白水社に入ると、兄弟で出版社ということになってしまう。

正直さんの言に従っていれば、またちがう本の人生を歩んだかもしれないけれど、少し躊躇してしまった。本は好きだったのに時代の匂いもあって魔がさしたというのかな、「出版のほうはもういいや」と思ってしまい、ちがう道を求めて別の選択をしてしまった。

――それでレコード会社ということになる。

中村 そういうこと。そのレコード会社は試用期間も含めると、確か二月ぐらいからいって、五月に辞めてしまった。その間に若い歌手の靴磨きをさせられたことがあったりして、何でこんな姉ちゃんの靴磨きなんかしなきゃいけないんだと思った。それで辞めちゃった、本当に若気の至りだね。あそこで少し我慢もすれば、これまた別の人生が待っていたかもしれない。

――それは身につまされる話で、若い時の間違いは誰にでもありますよ。

第Ⅱ部

8　書店の可能性と蓄積された技術

中村　それでやっぱり自分には本の世界のほうが向いているのかなとあらためて思った。それと書店が面白く見え始めた時代でもあった。

――確かに書店の可能性というものが見直され、色んな人たちが集まり、面白くなり始めていた時代だった。それで中村さんが芳林堂に入ったきっかけは。

中村　以前に少しだけアルバイトをしていたことがあったからで、最初は理工書の担当だった。そんな前歴もあり、レコード会社を辞めて書店にまた勤めることになった。芳林堂が新入社員に大卒を雇う最初の年だったと思う。

――池袋の芳林堂の店長は今の岩波ブックセンター（信山社）の経営者である柴田信さんだったのかしら。

中村　店長か総務部長だったと思う。アルバイトの時には彼から研修を受けつつ、文芸書を担当したこともある。そこですごい女性社員に出会った。当時はカリスマという言葉はなかったけれど、まさにその言葉があてはまる人だった。

――当時の老舗の書店には本当に優秀な女性がいたと聞いていますし、私も何人かは知っている。

中村　印象が強烈だったんで、今でもその名前を覚えている。市川純子さんという人だ。私は二十二、三だったんで、彼女がすごく年上に見えたけど、まだ三十ぐらいだったと思う。その後しばらくして、工作舎の『遊』の別冊として出されたものだったと思うけど、いろいろな業種の職場の有能な女性たちを特集した本で、彼女は見開き二ページで取り上げられたこともあったほどだった。

彼女は出勤して店に出ると、棚に入っている本を全て一センチ程前に出す。今泉本でいわれるような棚づくりのためではなく、棚を整理し、欠本を補充し、きれいに見せるためです。しかもそれは全ての棚に及ぶわけだから。開店時間には全ての棚の本が整然と並んでいる。

今は棚の奥にストッパーとか、後ろに板をあてがったりするけど、当時それらはなかった。だから後ろから見ればデコボコになっているにしても、前面はぴったり一列になり、横から見ても寸分たがわず陳列ラインが揃っている。これには感動しました。

その本の列に向かって、引き出しの中にある板を出し、それを持ってパンパンとたたき、次々に揃え、空いている棚にストックから補充品を入れていく。本当にそれはすごかった。あの当時の店だからワンフロア三十坪ぐらいだと思うんだけど、それを十五分ほどで終えてしまう。私だけでなく、見慣れていない人は唖然としていましたけどね。古本屋でもそれに類することをやっていたが、それ以上の熟練仕事ぶりだった。

――それが書店にずっと蓄積されていた技術、もしくは棚をきれいにして店を演出する役割を担っていた。

中村　つまりこうもいえるんじゃないかな。そういうところに本というものが本当に大事だった名残りを示す行為、つまり本箱に入れていた時代のということだが、はたきをかけて整理整頓しておく仕事の流れの延長線として表われていたのではないかと。ただ彼女のこの職人仕事はそれ以降、お客さんがさわった本の位置まで徹底的に直しておくという、光景は見たことがない。

――私もそのような仕事ぶりは見たことがないから、そこら辺で終わってしまった。

中村　そこにおそらく戦前の書店の最後の姿が表われていたかもしれないし、それは本がまだ活版で糸かがりだった制作過程の終焉とパラレルだったんじゃないかと今になって思う。

―― それから彼女のような女性社員が体現していたブックカバーの折りこみのすばらしい手つきとスピードも老舗書店の特質だった。

中村 あれを最後までやっていたのは私が知っている限り銀座の近藤書店と二階のイエナだったと思う。あそこは最初からブックカバーを折っておらず、平らに開いてあってハサミでもって切るところから始まる。カウンターの上に本を置いたかと思うとアッという間に切り、そのスピードたるやすごかった。

すでにその当時の芳林堂も現在の折り込みカバーかけのやり方をしていたから、近藤書店には驚かされた。ただ函入りの本は後でカバーで使えるようにと、折り目が斜めにならないようにということで、キャラメル包装だった。ところが西武百貨店の書籍部に入った時に、このキャラメル包装は百貨店では正式な包み方ではないと見なされ、一時禁止になったことがある。そのために本屋としては当たり前のキャラメル包装を認めさせるのにかなりの時間がかかってしまった。

―― ずっと挙げてきたそれらの書店の様々な蓄積が過渡期に入りつつあることを示していたんだろうね。

中村 そうなんだ、今では誰も何とも思わないだろうけど、包装紙だってブックカバーだって貴重だった。

――紙もそうだし、その裏も貴重で、よく使ったもので、今でもその癖が抜けなくて、裏が白い紙は切ってメモに使っている。それに書店のブックカバーは他の商品の包装紙よりも垢抜けていた。芳林堂のブックカバーは確か有名な人のデザインじゃなかったかしら。

中村 誰だか忘れてしまったけど、手がけた時は無名でも、それから有名になった人はかなりいると思う。老舗の書店はどこも優秀な人にデザインをお願いしていて、独創的でいながら本とマッチしているものが多かった。

その後、書皮とかいういやな言葉をつけて、カバーを集める会員のサークルができたりしたが、集めてみると、その中にこれは本を覆うものではないというものがかなりある。それだけ考えても、今の書店は面白くなくなっている。

9　池袋の芳林堂と書店業界

――池袋の芳林堂に話を戻すと、柴田さんがいて、その部下だったのが江口淳、鍋谷要雄の両氏というわけですね。

中村　江口さんと鍋谷さんが組み、彼らが柴田さんを担いで、芳林堂ならではの単品管理といったシステムを構築していくことになる。

――そこで様々な人脈が交差してくる。確か鍋谷さんは日本エディタースクールに移り、出版評論家の小林一博なんかも絡んでくる。

中村　そう、小林さんは川上賢一さんが地方・小出版流通センターを立ち上げた時に株主にもなっているはずで、それも過渡期を象徴していた。

――七六年に地方出版物、小出版社の本の取次として地方・小出版流通センターが発足する。そして五月に西武百貨店でブックフェアを開催し、盛況だったことから、センターの存在が出版業界に認知されていく。これらの動きには中村さんも深くかかわっているわけで、これは後でお聞きしますが、やはり同時代に過渡期にふさわしい出来事が起きている。

七〇年代前半における新しい雑誌売場としてのコンビニ各社の開店、書店の正味獲得をめざすブック戦争、中公文庫参入による第三次文庫ブーム、名古屋の三洋堂書店による郊外店の初めての出店、大型書店としての八重洲ブックセンターの開店、公取委による再販制見直し発言、三省堂や筑摩書房の倒産などを列挙してみると、あらためて過渡期だったとわかる。

それらに合わせて書店の現場には明らかな変化が起きていた。そのひとつは中村さんもそうだったように大卒の人たちが入るようになったことでしょう。ただその変化は紀伊國屋とか丸善にはあまり感じられなかったようにも思われるけど。

中村　いや、それでも紀伊國屋にはそういう流れがすでにあったと思います。市橋さんとか高木さんとか、おそらく今でも彼らは現役だと思う。でも丸善は知らない。

――そうだね、丸善のことは聞こえてこなかった。でも十年近く前に医学書協会で講演を頼まれ、三島のホテルに出かけていったことがある。講演を終えて、温泉に入っていたら、「何の反応もないし、真面目に話してがっかりしたでしょう」と話しかけてくる人がいた。誰かと思ったら丸善本店の社員だった。その時新刊ＤＭを持っていたので、それをわたすと、わざわざ各支店に販促してくれ、とても有難かった。ただ話をしていると、丸善の閉塞感が強く察せられ、書店現場が面白くない状況にあることはひしひしと感じられた。

それから一、二年して、神保町に昭和図書が書店を開いた。するとその店長が彼の名前になっていたので、あの頃から丸善に見切りをつけ、色々と模索していたんだなとわかった。

中村　昭和図書の大竹靖夫さんが引っ張ったんじゃないかな。その人は福岡の丸善にいた人だと思う。

しかし色々いっても、あの頃からついこの間までの書店番付からすれば、横綱は何といっても丸善、紀伊國屋なのです。それに対してその頃は、芳林堂というのは今で言えばスノッブといえばスノッブだったかもしれないが、何か斜にかまえてへそ曲がりでもあって、得意技をもった変則力士みたいなものだった。だからこそ支持する読者もかなりいたんだと思う。そういった書店は全国には芳林堂の他にもいくつかあったんだろうね。

10　直販物と書店

――論創社の森下さんは『国家論研究』を創刊して出版を始めるのだけれど、池袋の芳林堂だけで五百部は売れたといっていました。これは七二年創刊で、直販誌にもかかわらず五千部を刷り、またたく間に完売してしまった。

彼から聞いたところによれば、それらの直販店は池袋の芳林堂、神田のウニタ、渋谷の大盛堂、新宿の紀伊國屋と模索舎、本郷の鈴木書店、各地方も合わせると五十店ほどに及んだそうです。高田馬場の芳林堂はまだ開店していなかったから、古本屋の文献堂に置いてもらっていた。

中村　高田馬場の芳林堂のオープン時に移動になっていたから確かだと思う。それに渋谷には旭屋も紀伊國屋もまだなくて、大盛堂が仕切っている感があった。

――森下さんの話によれば、大盛堂は直販物の支払い日が決まっていて、その日に集金にいくと、五十人ぐらい並んでいたそうです。それだけ直販物も全盛だったことになるし、実際に売れてもいた。それでチェッカーの小切手でもらってきた。

中村　大盛堂は昔からそういうシステムだったようですね。

――でもそれだけ売れていたわけだから、今から考えれば、すごい話だ。

中村　芳林堂の場合も直取はずいぶんあって、『本の雑誌』との直接取引もその頃で、目黒考二氏もリュックを背負って持って来たと思う。でもそんなお付き合いがその後のつながりをつくっていたのだと言える。

――それに芳林堂などの直販店は取次口座のない出版社のものを売ってくれただけでなく、出版社の人脈の形成という点でも、大きな貢献を果たしたと思っている。これも森下さんから聞いた話だが、江口さんから弓立社の宮下和夫さんを紹介され、税理士も世話してもらい、現在までつながっているようです。だから小出版社と新興書店をめぐる人脈というのも独特に絡んでいる。

11　小出版社の立ち上がり

中村　それはよくわかる。あの頃は先に挙げた出版社以外にも多くの小出版社が立ち上がっていたし、実際にそれに立ち会っていたから。七〇年代になって、新興書店の動きとパラレルに、これまでとは異なる新たな世代が出版社をやるぞと始めた時代だった。

――　これもまた過渡期の出来事だったと思うけど、ＮＲの会と同時にルート版の会というそれらの小出版社の営業グループが形成された。これはその一員だった薔薇十字社の川口さんから聞いたことです。

中村　薔薇十字社とは懐しい。

――　この会は当時『日本読書新聞』の営業部長の田浪政博が始めたもので、小出版社の営業グループの勉強会、共同広告、取次や書店に対する共同営業をめざしていて、都市出版社、れんが書房、濤書房、イザラ書房、審美社などが加わっていたようです。ところが営業グループの場ではなく、経営者の融通手形の交換の場になってしまい、挙げ句の果てに何社かが連鎖倒産するはめになり、活動を停止してしまったようです。これもその頃の小出版社をめぐるエピソードでしょう。

それから共同広告で思い出しましたが、牧神社というのがあって、季刊雑誌の『牧神』を出していた。

中村 元『日本読書新聞』の渡辺さんと確か思潮社出身の菅原さんなんかがやっていた出版社ですね。

―― その『牧神』第一二号をここに持ってきました。発行は一九七八年二月で、これが最後の号だと思われ、編集人は堀切直人になっている。この号は「人間の棲家―建物の生理学」特集で、内容も興味深いのですが、それらにはふれず、共同広告、おそらく交換広告を寄せている出版社名を挙げてみたい。

当時の文芸書の出版社状況を彷彿させるので、煩を忌わず十九社全部を列挙します。詩の世界社、白水社、すばる書房、風鐸社、国書刊行会、南方社、北冬書房、幻燈社、月刊ペン社、書肆山田、沖積舎、冥草舎、イザラ書房、創土社、東京創元社、村松書館、奇想天外社、奢灞都館、社会思想社というラインナップです。白水社、東京創元社、社会思想社は中堅出版社ですが、それ以外はいずれも小出版社で、社会思想社も含めて半分近くが消滅してしまっている。

私はこれらの出版社のすべてに通じていませんが、中村さんは大体知っているんでしょう。

中村 そうね、これらの全出版社とつき合いがあった。各社のことをいっていくときりがないので、牧神社だけにしましょう。牧神社はこの後すぐに倒産してしまったはずだ。『牧神』の編集者が堀切直人氏だと聞いて、渡辺さんが牧神社倒産後に北宋社を興し、堀切さんと組んで文学アンソロジー本を出し始めた経緯と事情がわかったように思う。それから編集者や著者や翻訳者も様々に絡み合っていたことも。

―― そこら辺の様々な連鎖は想像できるし、牧神社から北宋社という流れはわかるにしても、どうも今ひとつ牧神社の企画の背景がわからない。戦前の日夏耿之介の人脈が復刻出版などに明らかに絡んでいる。そして平井呈一も訳者として加わっていること、ロルカやノヴァーリスの全集の刊行からすれば、こちらは思潮社経由のようにも思われる。このように小出版社であったわりには牧神社の場合、薔薇十字社よりも出版物が入り組んでいて、それはそれで興味がつきないところがある。だから出版社そのものがミステリーであったことを物語っていて、中村さんが当時の書店はカバーも含めて面白かったといわれたが、それは出版社も同様だった。

それを象徴するかのように、九〇年代に菅原さんはペヨトル工房の『娘たちの学校』の訳者として姿を見せていた。牧神社とペヨトル工房がどうして結びついたのか、ペヨトル工房も牧神社と同様に消えてしまったわけだが、こちらの事情にも興味をそそられる。

12 『ユリイカ』と『現代思想』

中村 それはいえるね。でも北宋社と渡辺さんはどうしたのか、この頃まったく消息を聞かないけれど。

それらの出版社もさることながら、清水康雄さんの青土社の存在も大きかった。『ユリイカ』と『現代思想』のふたつの雑誌を刊行したことは画期的だったと思うし、そこからニューアカデミズムも登場してきたわけだから。

―― あれは『ユリイカ』が先で、しばらくしてから『現代思想』が創刊された。あの判型と上質の用紙、特集形式はとても新鮮だったし、それまでにない文芸、思想雑誌の出現のイメージがあった。

中村　それももちろんだけど、雑誌の売り方を変えたともいえる。実は書店で雑誌のバックナンバーを売るというのは芳林堂で江口さんが『ユリイカ』を置いたことから始まったんだよ。

――そうなの、それは初めて聞くし、知らなかった。でも当時は6で始まるムックコードはついていなかったし、まだムックの時代ではなかった。

中村　それは関係なかった。第一ムックというものが、言葉も含めてまだなかったと思う。ムックコードがついている雑誌がフリー返品になったのは後だけど、この時は青土社の久南平さんの了解をとった上で、バックナンバーを直接搬入していたわけだから。それも確か鈴木書店帖合でやっていたはずだ。

東販が付与していた雑誌コードはかなり古くからあった。だがそれはあくまで取次が配本、配送のために使っていただけで、実際の販売現場では何の関係もなかった。ましてコンピュータのある時代ではないし、雑誌は全部、雑誌台帳に記入していた。それは芳林堂だけじゃなくて、どこの書店も同じだったはずだ。五十音順に書いて、入荷が何部で、返品が何部と記入していた。

―― 確かにそれはどこの書店でもやっていた。

中村 そうでしょう、でもその雑誌台帳に記入する時、雑誌コードを書いたかといえば、書いていない。

―― それはそうさ、コードを書く時間はないし、そんなことをやっていたら仕事にならないから。

中村 雑誌の返品伝票を書く時だって、雑誌名と号数を記入しただけで、コードを書いていなかった。だから今とちがって、雑誌コードは取次の取引、配本、配送に必要とされていただけで、書店現場にはほとんど関係がなかったといっていい。

13 取次と書店のギャップ

―― ということは雑誌システムはほとんど取次内部で構築され、書店現場の声は何も反映されていなかったことになるのかな。

中村 そうだと思う。システムとは異なるが、取次と書店の認識のギャップの一例として、面白い話がある。西武百貨店と日販や東販との間の支払いについて、締切日と請求金額の確定の問題があった。

まず、前提としておかねばならないのは、取次の請求書は不用だったし、それを受領もしていなかったことだ。逆にこちらから買掛明細書というものを毎月25日過ぎに各取次に送付していた。支払い方法は末日締めの翌月末に手数料を相殺しての振込しかなかった。つまり買ったほうが支払う金額を決めていたわけだ。だから返品の入帖日が、当時毎月18日頃だったと思うが、でもそんなこともいっさい関係なかった。31日迄の返品も取次が入帖するしないにかかわらず、差引いて支払っていたんだ。極端に言えば、納品金額が確定する翌月5日までは、返品を前月に実施したこととして、相殺できるというわけだ。これを35日とか39日返品と称していた。

つまり、支払金額の確定は支払側がするということ――これは後々に色々な意味でヒントになった。

支払い日についてはパルコが翌々月の10日払いだった。この二つの締め日を使いわけることで、支払い日を伸ばすことが可能だった。実際にはさほど実行をしなかったが、支払日の延長を匂わすことで、正味の切り下げ交渉をしたものだった。

もうひとつは、百貨店からリブロに変わる時、改めて各取次店と取引契約書の締結をしようとした時だ。当時は、各取次店毎に取引約定書のフォーマットがあった。取協にもヒナ型はあったんだが、実際には、出版社取次間も取次書店間のものも取次によって違っていた。問題だったのは、取次書店間のものに所有権の項目があり、それにはどれも所有権が取次にあると記されていたことだった。新刊だろうが注文品であろうが全て支払っているのに所有権が書店側にないとはどういうことだと思ったんだ。早速、セゾングループの法務部に相談にいった。法務部の遠藤さんという弁護士はあきれていた。そんなことはあり得ないとね。むしろ裁判にしましょう。間違いなく勝てますと言われたんだ。

当初取次の答えは、本は委託品だからというものだった。今なら恥ずかしくてとても言えた言葉じゃないが、当時は役員クラスも、窓口の係長も同じ言葉を吐いた。この窓口だった人が誰かというのは、当人の名誉のために言えない。今はえらくなっている人だということだけだ。その時はこの条文を記載しないことでとりあえずの仮調印をしたはずだが、その交渉の途中で公取委にも文書を見せて相談したと思う。これは優越的地位の濫用にあたるのではないかということでね。当然こちらには返事はなかったが、内々に取次指導はあったらしく、その後所有権は書店にあることになった。

弘前の今泉本店が閉鎖された時、それまでは倒産した書店に取次がトラックを乗りつけて、店舗の在庫を根こそぎ引き上げたものが、一応裁判所の許可がないと、雑誌でさえ引き上げられなくなったのは、そういう経緯があったからで、私が書店業界に誇れることをしたとしたら、このことが唯一のことかもしれないね。

ただ、このような契約について、これまでどうしていたのかと思って、紀伊國屋や有隣堂に尋ねたことがあった。そうしたら「そんな問題は初めて聞いたし、書類もない」という返事だった。つまり少なくとも取次と書店の間は取引という認識がなかったことになる。締結されていた再販維持契約書が全てであり、その基礎になる取引約定書がなかったということだ。だから本屋は小売商店にもなれず、結果として取次店の販売代行業者、もしくはブランチでしかない。かたちとしてはまさにフランチャイズチェーンだ。委託制や再販制が前提にあると、取引という形態にならないという典型みたいなものだったね。

――いや、今だってそれほど認識は変わっていないと思うよ。要するに近代出版流通システムは出版物を動かすことに関しては便利だが、金融的にはどんぶり勘定というのはまったく変わっていないわけだから。

七〇年代と現在を比べてもわかるけど、当時はそのようなシステムであっても、書店の閉店や廃業はほとんどなく、開店もまた少なかった。それなのに八〇年以後から現在にかけては数万店が閉店し、また七〇年代と比べれば、とんでもない大型店を含めた同数の出店があった。かつてのスタティックな市場がとんでもない波瀾万丈の市場に激変してしまった。それなのに流通システムは何も変わっていないのだから、深いところで何が起きているのか、起きたのか想像がつくでしょう。

そしてこのシステムがどこで形成されたかといえば、戦前の大手雑誌出版社と東京堂を始めとする大取次の談合によってだと思う。

14 大取次、講談社、小学館

中村 それが戦後になって大取次は東販・日販となったが、公職追放が解除になった講談社や小学館などによって再編成された。それらの大手出版社の出版流通制覇は昭和三〇年代に完成し、取次はそのお先棒を担いだだけで、ダミーもしくは下受けだというのが私の判断だ。

―― そうなんだよね、取次が悪いというのが出版業界の風潮ではあるけれど、それ自体も再販委託制システムの中から抜け出せず、中小書店や出版社に対して権力を発揮することはできても、大手出版社には抗する術もない。
鈴木書店の倒産の原因だって、もとをただせば、高正味出版社の問題が一番大きい。

中村 取次店の大手出版社に対する支払いの仕組みの全貌は明らかにされていないが、講談社や小学館に対してはかなり優遇しているはずで、私にいわせれば、取次よりもこれら大手出版社のほうがしたたかだしタチも悪い。見方を変えれば、だからこそこの二社は出版界全体の旦那衆、パトロンともいえる。

――『平安堂八十年の歩み』(平安堂)は書店の社史としては本当に赤裸々で、リアルな書店像を提出しているが、その中に長年のパートナーだったトーハン(東販)から日販へ帳合変更に至る一章が設けられている。それによれば、九〇年代におけるトーハンの変化、営業戦略と人材の欠如、日販の物流システムに対する立ち遅れ、出版VANへの基本的理解の欠落、トップの人間性と恣意的な役員人事、書店にとってライバルであるセブン―イレブンの創業者を役員に迎えたことなどがあって、日販へと取次を変えることになる。そこに詳しくトーハンの社長の平安堂などの書店に対する不見識、リーダーとしての健全でない人間性、その歪んだ経営理念への言及がなされている。私の考えではここで指摘され、非難されているトーハンのトップの姿がどこに由来しているかといえば、やっぱり大手出版社から学んだにちがいないと思う。

『平安堂八十年の歩み』に描かれているのは書店から見たトーハンだが、トーハンから大手出版社のトップの対応を見た場合、同じ構図の中でずっと関係が保たれてきた。取次の権力と組織のシステム形成も大手出版社を見習ってなされている。だからそれが今に至るまで大手出版社と大手取次の上意下達的な階級構造から脱皮できない原因になっている。しかもそれが出版業界の内部だけの現象かというとそうではなく、書協を始めとする出版業界の諸団体の公取委の消費税問題やグーグル問題に関する対応にしても、独自の見解を提出できず、唯々諾々と従うという上意下達的立場しか示せず、これが言論に携わる出版社を代表する団体かと思ってしまうほどだ。

さっきあなたが昭和三〇年代における講談社や小学館による再編とそのお先棒を担いだ大手取次の構図にふれたが、その時代の書店正味はひどいもので、とてもやっていける商売とはいえないほどだった。

中村　あれは実際にいえば、当時の物価に比べて本の値段が高かったこと、それに対して固定費や人件費が安かったこと、売上が上昇を続けていたことで、利益率はひどいものでも何とか利益高でしのいでいた。それに加えて、地方の老舗書店は資産家であり、地域への中央の文化普及活動の一環という役割もあったことが大きい。

―― まさにそれもある。そのことから役所や学校と緊密につながり、今では想像できないほど書店が文化的役割を担っていた。地方の老舗書店の社史を読むと、その色彩に覆われている。

中村 確かに地方新聞社と地方老舗書店は大きな文化装置だったんだろうね。新聞社の子会社であった地方テレビ局が開設されるのは戦後もだいぶたってからで、戦前に両者の文化的役割は大きかった。

15 戦後の新興書店

―― ただ地方の老舗書店と教科書問題、それに対して戦後立ち上がってくる新興書店という構図もあって、後者に芳林堂も属している。これが八〇年代になって、郊外店や複合店を中心とするナショナルチェーンがその構図の中に加わっていき、現在の書店地図に塗り変えられていくことになるのだが、この話はもう少し後ですることにして、中村さんと芳林堂の話に戻りましょう。

レコード会社を辞めて、かつてアルバイトをしていた池袋の芳林堂に入った。でも最初は本ではなく、骨董に関係していたと聞いていますが。

中村　そう、骨董部にいたんです。芳林堂の斎藤芳一郎社長の友人の長尾さんという人が責任者でした。芳林堂ビルの最上階が骨董のフロアになっていた。それで骨董をやらないかといわれ、私も嫌いではないから、市の買いつけとかに彼に連れていかれて、骨董の見方などを結構教わった。今でもその時に買った猫足の文机なんかを持っています。でもその彼は後に殺人事件にまきこまれ、殺されてしまった。

――それと同じ時期だと思うけど、私も骨董に関する場所で、アルバイトをしていたことがあった。それは東京美術倶楽部で、後になって書画骨董の重要な展示即売の場であったことに気づいた。でも当時、芳林堂が骨董まで扱っていたとはまったく知らなかった。

中村　東京美術倶楽部にはいってないけれど、あちこちで市が開かれていて、その場でかなり買いつけてくるんだ。私が直接買うわけではないが、面白いし好きだったので、買いつけをしながら本当にあちこちいった。文机の他に古い茶碗なんかもあるが、その名残りで、今になって考えると、何で買ったのかと思ってしまうけどね。

―― その斎藤さんが芳林堂を始めたのはいつなんですか。

中村 戦後だと思う。新栄堂のほうが間違いなく早い。七〇年代になって池袋東口の新栄堂、西口の芳林堂という池袋の書店地図が定着する。

そうやって考えていくと、東京の盛り場の代表的な書店は渋谷は大盛堂、新宿は紀伊國屋なんだけれども、神田は思い浮かばない。むしろ神田は街全体が本屋だから。

―― 私たちより少し下の元さわやの伊藤さんの世代になると書泉グランデになるようですが、やはり三省堂しかない。

中村 でも神田の三省堂のイメージというのも稀薄で、新刊書店というよりも学参を扱う店の印象が強い。まだ二階建で床が木張りだった時に参考書を買いにいった記憶がある。神田は古本屋がメインで新刊本屋はそれを補完する存在だったと思っていることも作用しているんだろうが。

―― その他の六〇年代から七〇年代にかけての東京の書店の配置図を示してくれませんか。

中村 丸善はもちろん日本橋にあり、上野は明正堂で銀座は教文館、近藤書店だった。でも東京駅周辺にはと考えると何もなかった。後でキディランドがあったことを知ったぐらいで、記憶には残っていない。

―― でもその八重洲店に今泉、田口両氏がいたわけでしょう。

中村 それも二人を通じて知ったんで、キディランドは本屋ではなく原宿のおもちゃ屋と思っていた。

―― 栄松堂というのは。

中村 栄松堂は古いと思うけど、駅の中にあったので、栄松堂というよりも、駅の中の書店というイメージが強かった。駅の中といえば、吉祥寺の弘栄堂は鉄道弘済会の子会社で、六〇年末の出店だったけど、ブックフェアの先駆けだったたし、労働組合を結成したことでもよく知られていた。

―― その組合の記録はそれこそ渡辺さんの北宋社から大井恒行の『本屋戦国記』として刊行されている。

中村 弘栄堂でシュルレアリスムのブックフェアをやった鈴木邦夫氏はその後ジュンク堂に入っているし、何代目かの委員長の岡名輝夫氏は戸田書店のフランチャイズに入り、日野で経営していたが、去年閉店してしまった。閉店通知の葉書の文言を読んだ時は涙が出そうになった。

――この吉祥寺店も昨年閉店したし、これも一時代が終わったことを告げているようにも思われるね。それから付け加えておくと、大井の本には組合員の岸田真理子が「限りなく組合であること」という一文を寄せているが、彼女は九〇年代に文芸書の担当者で、営業にいった時に一緒に食事をしたことがあった。この岸田さんもどうしているだろうか。

中村 二〇〇六年に亡くなったと聞いています。

――もうひとつ、これは付記しておくだけですが、巻末に「書店組合と全国状況―我々にとって真の敵は」という大井、渡辺、信山社の大藪平太の三人による座談会の掲載があり、七〇年代における全国の書店労働組合の状況が語られています。

中村 私はそこら辺の事情も含めて彼らの立地と規模の書店事情を岡名さんに語ってもらえばいいと考えているんだが……。

16 関東地方の書店状況

――わかりました。それも考えておきます。東京だけでなく、関東地方の書店状況はどうだったんですか。知っている限りでいいですから、少し言及してみて下さい。

中村　東京から地方を見ると、逆に地方のほうがパワーがあったように映っていた。東京は後に八重洲ブックセンターができてから、群雄割拠状態になっていく感じになるが、地方の場合は老舗書店という大名の支配が圧倒的で、その立場は揺るぎないように見えていた。どの県にも圧倒的な地位を占めている書店が必ず一、二店あった。

――確かにそうですね、それは小中高で体験したそれらによる教科書販売を考えればわかる。

中村　そう、それらの大半が教科書販売会社を兼ねていた。最初にいったけれど、埼玉だと須原屋、それから横浜は有隣堂、水戸は川又書店、前橋は煥乎堂、宇都宮は落合書店、千葉は多田屋、そんな感じで、必ず県庁所在地にはそれらの老舗書店があった。

――それらの対抗馬として、戦後の新興書店の台頭もあった。静岡を例に挙げると、谷島屋に対して江崎書店とか。

中村　谷島屋が古くて、江崎書店は戦後なのか。

――戦後の新興書店は教科書販売の権利をそれほど握れなかったから、支店を出店することで、売上を伸ばす戦略をとった。江崎書店も東京に出店している。

それから貸本屋から始まった明屋とか文真堂などもあって、こちらも教科書利権にはまったく縁がないから、出店して売上を伸ばすしかない。キディランドだって同じように始まっているので、それにおもちゃを組み合わせ、全国展開を図った。

つまり六〇年代から七〇年代にかけての書店地図というのは大雑把に分類すると、教科書利権を握っている戦前からの老舗書店とそうではない戦後の新興書店にわかれ、後者は出店による売上の伸張戦略を採用した。この新興書店に芳林堂も属するから、出店戦略によって高田馬場もオープンすることになったといえるんじゃないかな。

17 芳林堂高田馬場店オープン

中村 そこまでは当時考えが及んでいなかったけど、高田馬場に店を出すので転勤しろといわれた。その頃はまだ骨董をやっていたので、これで本格的に書店をやるのかと初めて実感した。その開店日がクリスマスイヴだったことを今でも覚えている。それもみぞれが降って寒かった。三階のワンフロアで三百坪という広さだったにもかかわらず、まったく宣伝もしていなかった。

―― 当時の三百坪といったら、相当に広い。

中村　ところが初日の売上が二十五万円しかなかった。

――家賃がいくらだったか知らないけれど、二十五万の売上ではとても覚束ない。

中村　それでまずいんじゃないかと思い、早稲田大学にいく都バスに広告を打ったりした記憶がある。とにかくあの頃はわけがわからない駆け出しの若造だったから。

――高田馬場の芳林堂で印象的なのはエスカレーターがついていたことだった。高田馬場に他にはそんなビルはなかったように思う。

中村　あのビルは完成したにもかかわらず、何かの事情でテナントが決まっていないので、芳林堂にオファーがきたと聞いている。どこから持ちこまれたのかはわからないが、それまで高田馬場にはソーブン堂と未来堂があった。未来堂は創価学会系の書店で、それこそ池田大作の『人間革命』の販売拠点だったはずだ。

――それは知らなかったな。あの頃は文庫をよく未来堂で買っていたけど。ところで初日の売上の二十五万はともかく、その後はどうなっていったのかしら。

中村　売上はみるみる上がってきた。やはり当時の早稲田に限らず大学生というものは本を買い、読んでいたから。

――そうだね、学生は本を読むものだと思っていたし、それこそスチールの本棚の話じゃないけど、どこのアパートや下宿にいっても、本棚があって本を持っていた。

18　古本屋で買った本

中村　そうした共通の体験というのは八〇年代の半ばで終わってるんじゃないかな。その後の二〇年ぐらいで大きく変わってしまった。

学生の頃、よく早稲田や神保町の古本屋で本を買ったものだけど、金があったから買ったというよりも、なくても必死で買ったという思いが強いし、実際にそうだった。ほしい本はいくらもあったけど、とにかくバイト代は安かった。普通のバイトの時給が百二十円、高いところで百五十円だった。今でも覚えているけど、夜中に観光バスの洗車と清掃の仕事があって、これが時給百八十円で、バスの座席の間に五千円札が入っていたことがあり、これは実にうれしかった。これでかねてからほしいと思っていた本が買えるぞと思ったからだ。

また昼飯を食わずに買った本、結構死ぬ気で買った本がある。それも戦後すぐに出たフランス文学の翻訳書で、矢野目源一が訳した本だった。種村季弘氏がその頃の新刊で書いていたけど、二十年前に出ていたことになる。書名は何だったかな。同じ訳者でもマルセル・シュオブとかレニエじゃない。

――それはヴィヨンの詩も入っている操書房の『恋人へおくる』だと思うよ。これは偶然だけど、最近ブログ連載の「古本夜話」で矢野目源一と操書房と『恋人へおくる』にふれたばかりだから。

中村 そうだ、『恋人へおくる』だ。ヴィヨンの詩を江戸期の艶詩のように訳したものが入っている一冊だ。もちろん紙質も悪かったが、それなりの古書価がついていた。そういった本を見つけて随分買ったように記憶しているし、今でも本棚のどこかにあると思う。一万円札にはほとんど縁がなかったけど、一日で三千円くらい古本を買ったことがよくあった。

――私もご同様ですね。確か生活費が二万五千円ぐらいで、そのうちの一万二千円が奨学金だった。もちろんバイトもして、どういう割りふりで買っていたのかを忘れてしまったが、かなり本代に回されていた。

中村 大卒の初任給が三万五千円、大学の授業料が八万円ぐらいだった。よく買ったもんだと思う。その頃フランスの現代文学も読んでいて、今はまったくだが、当時はフランス語もそれなりに読めるようになっていた。確か三年生の時にナタリー・サロートが来日した。彼女の講演会があったので、通訳つきだったし、聞きにいった。でもヒアリングは難しくて、聞くのはまったくだめだと自覚したが、その一方で講演の最中に通訳を通す前に笑う奴がいて、できる奴はいるものだとあらためて実感した。それからヒアリングと会話に精を出したが、ものにならなかったな。

——それもご同様で、私も翻訳をやっているけど、一言もしゃべれない。ひどい話だと我ながら思うけど。アテネ・フランセにもいったことがあるが、会話は自分には向いていないと自覚し、まったく放棄してしまった。

アテネ・フランセで思い出したけど、篠沢秀夫のことで有名な話を聞いたことがある。彼は中学時代からアテネ・フランセに通っていて、会話が卓越し、フランス人による授業は彼の独壇場だったそうだ。そのクラスに一緒にいたのが高校生の菅野昭正たちで、篠沢にとてもかなわなかった。それで負け惜しみに、しゃべれないにしても、文学に関しては俺たちのほうが上だといっていたらしい。それで菅野たちは東大の仏文にいくわけだが、篠沢は学習院の仏文にいったので、いなくてほっとしたという。ところが大学院に進んだら、篠沢が入ってきた。それであいつがまたいたということになったらしい。

中村　篠沢さんの会話能力は仏文学者の中でも特別だったんじゃないのかな。菅野さんだけど、彼も明治の仏文の教師だった。当時の明治の仏文は斎藤正直さんを中心に中村光夫さんや齊藤磯雄さんがいて、それに佐藤正彰さんや入沢康夫さんもいた。鈴木力衛さんも講師できていて、おそらく日本のフランス文学研究の黄金期のメンバーがほとんど揃っていた。フランスの作家ひとりにひとりずつ先生がいたようなものだった。それに文学部には平野謙さんや小島信夫さん、小野二郎さん、渡辺保さんまでいたから、とても華やかだった。

――その中でも佐藤正彰がすごいんでしょう。原書の文献収集において突出していて、ヴァレリーの初版本を含めた原書、研究文献をすべて持っていたので、それらが筑摩書房の『ヴァレリー全集』の原本になったと聞いている。

中村　それだけでなく、佐藤さんはソルボンヌでボードレールを講義できる人なんです。だから佐藤さんを卒論の先生にして、ボードレールを選んだ学生は地獄だったはずです。つまりどこからぱくったのかが全部わかってしまうから。

――なるほど、そういったプロセスがあって、中村文孝の高田馬場の芳林堂繁盛へとつながっていくわけだ。

19　買うほうが売るほうに回った

中村　そうかもしれない。買うほうが売るほうに回ったという時代であり、これは同時期に書店に入った連中に共通していたと思う。

もちろん買った本を全部読んだかといわれれば、それはなかったにしても、本を読むことが何よりも好きだったから、売ることに対しても気持がこもっていたということは大いにあるね。

――それが最も肝心なところで、今ではそれが書店現場のみならず、出版社や取次、いやそれこそ若者からも失われてしまったことが一番の問題だと思う。

中村　買切や返品不可でも仕入れることができたのは、本そのものを見ていたからのような気がする。中味だけでなく造本まで気にしていたことは確かだ。そして売れなかったら自分で買えばいいと思っていたし、いい加減な注文はしたことがなかった。

――それに七〇年代後半あたりから、書店の担当者の顔が見えるようになり、出版社との関係が密になった。だからあの書店に出しても大丈夫だという書店と出版社の信頼関係みたいなものが成立していた。

中村　それは個人的な信頼関係も含めて確かにありました。ただ逆もあったよね。定評のあった出版社でも明らかに金融企画シリーズで、最後まで刊行されるかどうかわからないようなものもあった。焼きなおしの文学全集や出さなくてもいいようなシリーズ企画だった場合、お客さんに全巻完結してからのほうがいいですよとか、無理して買わなくてもいいと言ったこともある。それでも売上はぐんぐん伸びていった。

――高田馬場の芳林堂は立地と品揃えで、群を抜いていたし、新興書店の勢いが感じられた。ところがその芳林堂も辞めることになるわけですよね。あまり話したくもないでしょうが、そこら辺の事情も少し話してもらえませんか。

中村　その頃の芳林堂は労働組合の支配体制が強化され、単品管理と称した手法で全てをコントロールしようとしていた。私はそれに対して批判的だったので、高田馬場にいることが難しくなった。

左翼保守系による組合管理体制に芳林堂自体が陥ってしまった。正義ヅラした左翼でその権益を守ろうとするヤカラ、こいつらが一番タチが悪い。それで反発して、組合破りに近いことをやって、何とか店を維持していた。それで遂に大井町に飛ばされることになった。組合の色に染まろうとしなかったから。

――大井町にも出店していたわけなのか。

中村 独裁体制からはじき飛ばされる奴には役職を与えて追い払えという常套手段で、その前に出店していた大井町に飛ばされることになった。その時点でもう辞めるつもりでいた。

――じゃあ、キディランドにいた今泉氏と組合の関係の逆のかたちで辞めたわけですね。

中村 そんな感じかな。彼はアンチ組合的なところがあったが、それでも組合運動をやっていたのだから。ただ彼だって経営者側にいたわけではない。

――具体的に組合側はどのような圧力を加えてきたのですか。

中村 つまり一言でいって仕入れ規制です。店の売上はこれだけ伸びているのだから、これだけ在庫を持てば、さらに売上は伸びるというのに全部ストップをかけてくる。そうやっていくと、どんどん縮小均衡になっていくから、売上も伸びなくなってしまう。もちろんそれでも売上が上がることがあるにしても、単品管理を絶対的なものとして自分たちの手法にしか価値を認めない彼らの傲慢さに腹がたっていましたし、私のやっている仕事に展望が持てなくなってしまった。お客さんに対して、豊富で多種多様な品揃えで評価を受けていたし、それが売上につながっていたと自負していたので、やる気を失う状況に追いやられたことになった。

――それでいきなり西武ブックセンターということにはならないよね、その辺のいきさつも聞かせてほしい。

20 小林勇との出会い

中村 飛ばされた大井町の店長は橋元さんという女性だった。前に話した市川さんは彼女の弟子筋にあたる。この人は大変な傑物で、鹿島出版会から八重洲ブックセンターに役員として出向した斎藤さんという人の後添えになり、その死を看取ることになった人でもある。

この橋元さんがいろいろ相談したいと言っている、と人づてに聞こえてきた。そんなことが負担になって相談される前に言ったほうがいいと思って、「申し訳ないけど、俺辞めるから」といって、大井町に一週間ぐらいいただけで、辞めちゃった。そうしたら柴田さんから連絡が入り、どうするんだといわれ、退職金なんか出ないところを一時金のかたちで、五万円ほど出してくれた。だがその金を受け取っても、こっちもくそったれと思っていたので、さっさと使ってしまおうと考え、買うものを物色していた。そうしたら、銀座の吉井画廊で小林勇展をやっていた。彼の墨彩画は以前からかなり好きだったので見にいったら、残念ながら絵は全部売却済になっていた。五万円で買えるくらいだったはずなのに、と思っていた。

―― 小林勇とは面識があったの。

中村 いや、まったくない。ところが見にいったその時にちょうど小林さんがきた。それで会場にだしていないつまり、売却済になっていない絵を出してもらい、讃もいれてもらって、それを買った。そこで話になり、事情を聞かれた。そうしたら小林さんが「それなら時間があるだろう」といわれ、連れていかれたのが松屋の裏のはち巻岡田だった。

―― 私も大手出版社の人たちに招待され、一度いったことがある。

中村 そこで一杯飲まされた。その時に「中村君は芳林堂にいたから知っていると思うけど、今に池島さんがくるから」といわれた。岩波書店の小林さんと文藝春秋の池島信平さんの二人にいきなりお会いしてしまったわけだ。二人ともすごい存在感で、つまり、マット系黄金色の爺さんと言ったらいいのか、貫禄がちがうし、こちらはまだこどもみたいなものだったから、かしこまって話を聞いているだけだった。

―― でもそれはすごくいい話だと思うよ。まだその頃の出版社は岩波書店や文藝春秋といった大手ばかりではなく、みすず書房にしても未来社にしても、もちろん人にもよるんだろうけど、ものすごくフランクなところがあって、風通しがよかった。そういうイメージもあったので、出版業界に長い間とどまってこれたのだと思う。

だがそういった中小の会社の集まりである出版業界の魅力というものも、この二十年間で失われてしまったような気がするし、平安堂に指摘されたトーハンの悪いところも、そういった出版業界の負の部分を見習ったかのようにも思われてくる。

中村 確かにそれはいえるね。向こうの爺さんたちにしてみれば、今の若い連中がどういうふうに考えているのかなという下心もあって、そういうふうに飲ませていた部分もあったと思うけど、仲々できることではない。

―― 小林勇は岩波書店の会長だったんじゃないの。

中村　向こうは私のことがわからないのは当り前だが、こっちは当然岩波書店の小林さんだとわかっている。そのようなことがあって、今でも彼の娘さんとはお付き合いがあるし、それ以後西武に入ってからも、小林さんと何度か会っている。娘さんとの関係で、小林勇展には必ずといっていいくらい顔を出している。

あなたのいうフランクなところじゃないけれど、小林さんは「岩波にくるか」とも言ってくれた。最初は大いに心が動いたが、岩波書店の内部事情は薄々聞き及んでいたので、いく気にはならなかった。もし入っていたらどうなっていたかと思うよ。小林さんは岩波の社員からものすごく恨まれていたらしいから。今だからそんな話もしゃべれるけど、以前は岩波の連中にはとても話せなかった。

第Ⅲ部

21　西武ブックセンターへ

――なかなか西武ブックセンターにたどりつかない。

中村　いや、そこまできている。そのようなことがあった頃、日販の課長か係長だった人で、野俣さんという人がいて、「西武が本屋をやるので、人を探している」と連絡してきた。住所などわからないはずなのに、芳林堂関係者から伝わったんだろう。

西武百貨店の書籍売場は知っていたけど、児童書と簡単な読み物ぐらいしか置いていなかった。全体をわかっている人やある程度みられる人もいないので、外部から人を集める方針で連絡してきたことになる。西武自体が企業体質として外からの寄り集まりのところがあり、そういうリクルートにまったく抵抗がない。だから私にも声がかかった。それで「ちょっと会ってくれないか」ということで、こちらもフリーだったし、まあいいかと思い、お茶の水の駅前の喫茶店で会った。

――それはジローかな。

中村　レモンの前にあった虎という喫茶店じゃなかったかな。

そこで会ったのが小川道明さんと百貨店でそれまでの書籍部門の責任者だった佐野道夫さんだった。一対二で、いってみれば面接と変わらなかった。ほとんど佐野さんが百貨店内書店構想をひとりでしゃべり、小川さんはずっと黙っていて、この頭の毛の薄くなりつつあるおじさんは何だろうかという印象だった。私のほうは西武であれば、百貨店の中では最も面白いとわかっていたから、書籍部でもなくともいってもいいかなと内心では考えていた。

―― 小川さんには会ったことがないけれど、そんなにしゃべらないのかな。

中村 初めての人には確かにしゃべらないほうですね。人見知りのヒトというのは後でわかった。外には腰の低い人だった。でもその小川さんが最後に一言いった。「中村君、じゃあ明日からきて下さい」。何だこれはと思うじゃない。

最初に会ったのが八月二十八日で、翌日からこいというわけだから。「今日は入館証を持ってきていないけど、明日の十時以降であれば、開店しているので入れるし、準備もしているからきてくれ」といわれた。それで十時にいったら、その日から働かされた。

そんなこともあって、翌月の九月十六日付で採用となった。その時まではまだアルバイト扱いで、作業服を着て棚詰めをやっていた。その作業している最中に百貨店の人事部長から呼ばれ、一対一の面接ということになった。こちらは作業服での面接ですよ。小川さんからもう採用するので、かたちだけやってくれと言われたことがあとでわかるわけです。
これには後日譚がある。当時は大店法がきっちりしていた時代の頃の話だから、百貨店は六時で閉店。でも六時以降だって残業してやらなければ、仕事はとても終わらない。何しろ数人以外は本をほとんどさわったことのない人ばかりだから。だが組合との取り決めで、残業の終わる時間が決まっている。これが八時四十分。それ以降はいわゆる部長決裁、つまり小川さんの決済でしかできない。それでやっていたんだけれど、結局のところ終わらない。
その時刻を過ぎると人事部長と池袋店の組合委員長が一緒に館内を巡回して、帰宅を促すことになっていた。ところが入って三日目ぐらいの時に、「中村君、頑張ってやっているね」と人事部長がいうから、「有難うございます」とか一応言葉を返した。すると「今日の残業の責任者は君か」と聞くので、「いや、私は入ったばかりですからとんでもない」と答えたら、「そうか、君は偉いから、すっかり君が責任者かと思った」と嫌味をいわれた。

――もうすでに小川さんとの連携は成立していたということですね。

中村　何が気に入ったのかは知らないけど、実質的にそうなっていた。

――でもまだ書籍部は本格的に稼動していないのに、そこまで人事部長に対して権限を示せるのは特別だったんじゃないかな。

中村　百貨店の内部事情から察しても、明らかに小川さんは堤さんとつながっていたから、通っちゃったとはいえるだろうね。

――百貨店にしてみれば、旧来の番頭的システムはあるわけだから、そこら辺が中抜きされ、堤清二と直につながってしまった書籍部は異分子の集まりに映ったことは間違いない。そこに中村さんが登場し、田口さんも入り、今泉さんも出てくるわけだから。その他にもリクルート体質が相乗して、多くの人材が集まることになった。

中村　そうだね、私が入る前に他の書店経験者は紀伊國屋からきていた田畑さんの他にはいなかった。

――田口さんの『書店風雲録』（本の雑誌社）に出てくる人たちですね。

中村　そう、いたとしてもひとりふたりだったと思う。

22　小川、山西、ＡＢＣ

――それが七五年で、少ないスタッフで開店に向かっていた。

中村　入ってすぐに開店準備をして、九月にオープンということになる。山西正夫氏は私より一ヵ月ぐらい後になって入ってきた。

――　そうなのか、彼はどこにいたの。

中村　芙蓉エージェンシー、その時の社名はまだ富士アドシステムという広告会社だよ。

――　それなら小川さんと同じ会社じゃないの。

中村　そうなんだ、山西氏は富士アドで小川さんの部下だった。小川さんは富士アドを経て、西友の広報室長になっている。この時の人脈が書店に対しても絡んでくる。富士アド時代の同僚の浜口裕彦さんというのが六本木の青山ブックセンターの経営者のひとりなんだ。

――　それは知らなかった。じゃあ、みんながつながっている。

中村　みんながつながっているんだ。あの六本木の物件は最初に西武に打診がきたもので、本来なら西武が出るつもりだった。ところが大店法に抵触するというので、出店を断念せざるを得なかった。それでどうするかということになり、たまたま別の会社に移っていた浜口さんに小川さんが声をかけた。何という会社だったかな。

――　ボードじゃないかな。

中村　そう、ボードだ。それで小川さんが浜口さんに話をして、「取りあえず代わりにやってみてくれないか」といったニュアンスで、頼みこんだんだと思う。おそらくその頃から小川さんにはリブロという会社を設立し、百貨店から独立させようとする腹づもりがあって、その好適地をおさえておく意味で先行部隊として出店しておく、つまりサテライト店的発想も含まれていたはずだ。

――そうか、それはまったく知らない話で、面白いね。

中村　それで小川さんから書店として成り立つためにはどんな店づくりをしたらいいのかのマーケットリサーチをやるように言われた。その頃の六本木はそれまでの住宅地といかがわしい開発地が入り乱れていて清濁あって面白かった。六本木全体を見て回り、周辺に集まっている会社や出入りの関係者、住んでいる人たちの特性からして、アート感覚を前面に出したコンセプトの商品構成と店づくりをすれば、かなりいけるんじゃないかと判断した。それでＡＢＣのコンセプトが決まり、出店に至ることになる。

――それで弘栄堂のところで名前が出た鈴木邦夫が初代店長として雇われることになったわけなのか。

中村　彼は弘栄堂を辞めてから西武に移っていて、その後色々あって地方で逼塞していた。何とか東京に出てこられる条件が整ったので再び小川さんが呼び戻したことになっている。

——それも知らなかった。でも今はジュンク堂にいると聞いているから、彼もまた変転する書店人生を送ったことになるんだね。

中村　今でもジュンク堂に勤めていて、プレスセンター店にいる。電話ではしゃべっているけど、顔は合わせていない。他人のことはいえないが、彼も不思議な書店人生を送った人だと思うよ。

——鈴木邦夫の話も聞いてみたいけれど、書店というよりもまったく別の話になってしまう気がする。

中村　それはいえるかもしれないね。

23　西武ブックセンターオープン

——ところでここから西武ブックセンターと呼ぶことにするが、このオープンも書店が大型化していく流れとやっぱりパラレルだった。

中村　そう西武ブックセンターの七五年の開店時の正式名称は〝ブックセンターリブロ西武〟、社内的には西武百貨店池袋店書籍部だった。今になって思えばね。八重洲ブックセンターが続いたわけだから。

――八重洲ブックセンターが七八年で、八一年に三省堂神田本店の開店になる。

中村　ただ八重洲ブックセンターも他業種からの出店ということで色々な問題を抱えていただろうが、百貨店は百貨店で、大型化の問題よりも、書店そのものを手がけることに対する問題視というものが確実に存在していた。だって他の百貨店を見たって、どこでも独自の大型の書籍売場は持っていないわけだから。

――そうでしょうね、プロパーの社員が中から立ち上げていくことはほぼ無理だし、それに有隣堂がテナントとして入ることが決まっていたとも聞いている。そこら辺のいきさつはどうなのかしら。

中村　和田繁明さんが店長だった頃で、ほぼ有隣堂に決まっていたようだ。しかし当時は上に美術館を設けたこともあって、単にテナントを入れるだけでいいんですか、自前でやったほうがいいのではないですかといった人がいた。

――堤清二に直接ということですね。

中村　そう、堤さんに直接いった。それは松永さんという人で、初代の西武美術館付きの部長だった。その前は輸入の仕事をやっていたらしい。名前までは覚えていない。

――　この松永さんは永江の『セゾン文化は何を夢みた』に出てこない。

中村　彼もやっぱりリクルートされてきた人です。それで堤さんに直接いったばかりでなく、直訴状を書いた。「こういった文化戦略構想で進めている時なのに、書店をテナントですましていいんですか」というものだった。その一番の大きなポイントはレコード屋のことにあった。百貨店内のレコード部門の取引先の会社を西武が買収し、ディスクポート西武という会社になっていた。その例があるから、書店部門もそうしたらどうかと提案したわけだ。

それでどういうことになったかというと、以前にあった書籍部門を復活させ、それを大型化する構想につながっていった。その結果として、堤さんがそれを自前でやれる人材と方策はないかと考えるに至り、小川さんに白羽の矢が立ち、有隣堂の話が流れることになった。これはもちろん小川さんから後で聞いた話だよ。

ところが小川さんも出版社の編集経験はあっても、書店や販売のことは知らないわけだから、じゃあ、どうするのかという段階に入っていた。とりあえずは日販が丸抱え状態で、応援するかたちになり、実際に日販からおじさんがふたりやってきて、私が入った時にはすでにいた。

――あなたの面接に小川さんと一緒にきた佐野さんというのはどんな人なんですか。

中村　佐野さんは堤家の最後の書生だった人で、趣味雑貨部門の課長だった。つまり、趣味雑貨部に書籍課があったわけ。その責任者だった。

――彼が書籍部にとすると、西武ブックセンターの初期メンバーは佐野さんと田畑さん、それに日販から派遣されてきた二人に、中村さんが加わることになった。

中村　あと百貨店の書籍課にいた人で児童書にたけていた前沢許詞氏を除くと本の経験者はほとんどいない。

24　外部書店からのリクルート小川人脈

――だから百貨店の各売場から人を集めると同時に、あなたもリクルートに励んだわけでしょう。

中村　そうだね。その時にまだ芳林堂に在籍していた森脇啓文氏に入ってもらった。彼は学参のプロだったから、有望な即戦力だった。それから外部リクルートの流れが延々と連鎖して続いていくことになる。私が田口や吉原由己雄氏、中川道弘氏を入れ、田口が今泉を、吉原が駒瀬を入れ、また今泉が誰々を入れといったように、かなり多くの人たちが他の書店から西武ブックセンターや後のリブロへと移ってくる流れが形成された。

―― それは地方の西友内の書籍売場もそうだったわけだから、パートを含めた場合、全体では本当に多くの人々が西武ブックセンターとリブロにかかわったことになるのでしょうね。

中村 そして私や田口さんがジュンク堂へと移っていったように、九〇年代後半からは今泉氏も含めて、多くのリブロにいた人たちが他の書店や出版社などに転職していった。

―― それもまた壮大な書店人脈のつながりと流れであって、西武ブックセンターとリブロならではの現象だったと捉えるしかない。

中村 確かにそうだね。もちろん全部がつながっているわけではないけど、本当に出版業界は狭いと実感したことがあった。それこそ話が少し飛んでしまうが、小倉の金榮堂の柴田良平さんが亡くなった時、私はたまたま福岡にいっていた。小川さんから連絡が入り、自分はいけないので、代わりに通夜と葬式に出てくれといってきた。わたしも知らない人ではなかったので、ダイエーで喪服を買い、それで通夜と葬式に出た。その時にどうして柴田さんと小川さんがつながっているんだと思った。

――二人の関係については何も聞いていなかったわけか。

中村 そうなんだ、その後でも聞きそびれてしまった。このことを柴田さんの息子の良一君に聞かなきゃいけないと思っているうちに、時も過ぎ、金榮堂も消えてしまい、小川さんも亡くなってしまった。

――小川さんの左翼と理論社時代の絡みだろうね。料理書の柴田書店関係だとは思われないから。

中村 だろうね、戦後の左翼、日本共産党との絡みでみんなが何かでつながっている。

――そのことで付け加えると、元マルキストたちが流通革命に参加し、戦後消費社会を造型したというのが私の持論なんだけど。

これは何度も言っているけど、東大の戦後の日共細胞のメンバーが堤清二、後の読売新聞の渡辺恒雄、日本テレビの氏家齋一郎、流通革命のイデオローグだったペガサスクラブの渥美俊一、日本マクドナルドの藤田田だったことからすると、まんざら間違っていないと思う。小川さんも含めて、彼らの周辺人物をたどっていけば、さらに無数の人たちが登場してくるはずだ。

中村　マルキストとかどうかは別にしても、元日本共産党員、もしくはシンパだった人たちが戦後日本の消費社会をつくったというのは確かだよ。小川さんから色々と話を聞いてもいるけど、代々木の日本共産党ビルを無償でプレゼントした人物のことを話していたこともある。日本にも革命が起きるのだから、私有財産を持っていても仕方がないということで、気前よくあげてしまったという人だ。それも小川さんの知り合いというか、周辺の人物だ。

――その人は有名なユーゴスラビアの社会主義研究者じゃなかったかな。まだ存命のはずだ。

でもそれらの人々や消費社会の造型云々も含め、小川さんには左翼と理論社時代のことをもっと書き残してほしかったね。

中村　確かにそれは残念だった。大学新聞関係のこと、理論社や三一書房など日共の流れの中にある出版社の関係など知りたかったことはヤマほどある。小川さんの著書は『棚の思想』（影書房）が一冊残されただけだものね。

25　初期商品構成について

――また話が飛んでしまったので、百貨店内書店としての商品構成の選定はどうなっていたんですか。

中村　それは日販がやったはずだ。私はその棚詰めの最中に入ったわけだ。

――常備とかの選択もまったく日販に丸投げされていたのかしら。

中村　そうなんだ、それにどれが常備品なのかもわからないような状態で、棚詰め作業が進みつつあった。まさに混沌とした開店商品構成という感じだった。笑ったのは明治図書の本が全点入っていたことで、見たことがないほどの量だった。教育書のコーナーがそれだけで埋まってしまい、他社の本がまったく入らなくて床にダンボールに入ったまま放置されていた。

――当時のことだし、スタッフのことを考えても、単品発注などしているわけがないし、出版社の思惑、取次の倉庫在庫などが絡んで、送りつけが大量になされたということだろうね。明治図書はその典型だったんじゃないだろうか。

でもそれはともかく、メインになる商品はどういうふうに構成したのかな。百貨店特有の品揃えの問題はあるだろうけど、何を売りにするかは求められていたはずだから。

中村 それはまだまったく見えていなかった。ただあるのは大きな書店というイメージとレベルで、私がいった時はそれだけにとどまっていた。でもその頃は三百坪の大型店というだけで存在感があった、ということだ。

―― つまり取りあえずつくったという感じなのか。

中村 それもあるけど、まず自営でやることが先決だったし、何よりも優先された。また店舗デザインとの問題も絡んでいた。その後私がやる仕事になったが、池袋店を最初に手がけてくれたのはスーパーポテトの杉本貴志さんだった。

―― それは百貨店の意向だったのかしら。

中村 もちろんそうだ。かたちも実態も西武百貨店の書籍部なのだから。全体が彼の考え方で統一されていた。もちろんデザインも配色も。で以後パルコのほうの本屋展開の時もお願いしたと思う。配色といえば、赤紫と青紫のツートンカラーに示されているような普通では考えられないような色を使っていた。最初見た時は斬新な色使いだと思ったが、施工がていねいではなかったため、色が落ちた。それで本が汚れて困ってしまったこともある。要するに書店の現場での使われ方をきちんと検証していなかった。

それに加えて、デザインを優先したために機能的にまずい書棚ができてしまった。特に壁面棚は柱のスパンの間を等分割していた。増床建築物だったから柱間のスパンが異なっていて、そこを等分割してしまったものだから、書棚の棚板の長さが皆違ってしまっていた。だから棚板の汎用性が限られてしまう。そういうことがいくつも生じてしまった。

26　棚と照明

――私は西武の棚を見て、これは取次や書店系の棚屋でないことがすぐにわかったね。

中村　そう、あれはセゾングループの子会社の家具・什器製作をしていた西和インテリアという会社が手がけていた。

――だからニッテンなんかとまったくちがうんだ。

中村　やはり通じている人はすぐわかるね。什器についてはそれまでの書棚メーカーはほとんど関与していないし、むしろ後にはその西和インテリアと共同開発をして書棚什器の販売もした。

販売する時に売りのポイントにしたのは棚板の高さ変更を10ミリにしたことと、既存の書棚の棚受が本を傷めていたので、それを隠すことだった。本のサイズというのは木工品の規格サイズと根本的に異なるので、本の奥行、高さに対応した棚の深さと高さの調整が売りで、その点で他の先行メーカーと競合ができたと言える。以後各メーカーはほとんどこのサイズに変更したはずだ。

もうひとつが棚幅で、それまでの書棚は間口が経済サイズの九〇〇ミリだった。これは棚の前に立つとどうしても眼球を動かさないとその段が全部みられない。それで一目で視界に入る長さを割り出して幅をきめた。それが七七五ミリだった。

以後それを基本にして木工と金物の二種類を売りにだした。金物の製作は名古屋の棚橋工業というところで、ここは金物の成形は特にうまかった。西和インテリアは今はもう会社がなくなったが、棚橋工業は今でもその考えを受けたサイズのスチールの書棚の販売をしているはずだ。

――それは地方のリブロを見てもよくわかったよ。かえって地方で見ると目立っていて、浜松のリブロの棚や什器も従来の書店の棚屋系でないことは一目瞭然だった。

中村　浜松店の改装も私が手がけたものではないかな。

―― 全国各地に至るまで担当していたんだ。

中村 まあ、そういうことになるのかな。要は投資コストの問題で、材料も含めでき合いのものをうまく使うこと、それとどこかで余ったものを再利用することが最低条件ということになるが。

―― それでも明らかにそれらのコストは百貨店使用の延長にあるわけだから、書店系の内装よりもコストが高くついたでしょうね。

中村 什器と内装を分けて考えていて、これも今になってしゃべれる話だけど、例えば什器代はそこそこ書店系レベルのコスト以下でまとめ、それを知らぬ存ぜずで、百貨店のほうに向けてはこのぐらいの予算が必要だと言いくるめる。このテクニックで実際のコストと予算の差額分が出るので、それを内装とかシステムとか照明に回していた。照明が意外にコストがかかるんだ。

―― 電気工事が絡むから仕方がないよ。

中村 照明も考え始めるときりがない。通常の明るさを確保するのでも直接照明にするのか、間接にするのか、さらに面照明にするのか、点照明にするのかとなってくる。郊外店は平均して安定照度、千ルクスぐらいが基準になってしまったけど。でも、もっとも大事なのはメンテナンスのし易さを考慮することだった。消耗品だから交換が簡単に出来ないと蛍光灯などの交換をおろそかにするようになってしまうんだ。

――照明に関しては郊外店の開発とパラレルにすごく明るいパルックが導入されるようになったことで変わっていったんだと思う。

中村　でもまだその頃は照明の濃淡をつけることで奥行き感を出そうとしていた。まだいい時代だったと思うけど、百坪の店を百五十坪に見せる工夫を模索してもいた。だましの世界といってしまえば簡単かもしれないが、店舗デザインの中にはそういう意識がまだあった。だから天井高を徐々に高くしていくとか、照度についても最初はどこかを暗くしておいて、徐々に上げていくとか、また目ふさぎに壁を立てるとか、そういうことを意識してやっていた。店を出た後に店内の風景をお客の記憶にとどめておくためにどうしたらいいかを考えていたと思う。

27　百貨店内書店としてのスタンス

――そういった発想はおそらく書店プロパーだけでは出てこない。やっぱり百貨店とのコラボレーションがあってのことでしょう。だから新しい人材の問題にしても、そういった什器、内装、店舗デザインの問題にしても、百貨店を始めとするこれまでと異なるところから色々な水が注がれてきて、それに西武特有の文化環境がクロスし、混ぜ合わされ、百貨店という古き革袋にリブロという新しい水が湧き始めるようになったというプロセスを感じさせる。

中村　その通りだと思う。デザインについては常に百貨店からのチェックが入っていた。平面を描いたり、パースを描いたりして図面を上げる。その度にチェックが入いる。つまり最初の段階で、それこそ書棚をただ並べて、ジャンルを記入しているだけでは、絶対に許してくれない。だからこれまでの店舗との差異、それから他店との差別化はどこにあるかということをきちんと示し、説明しなければならない。何をしたいのかという意志の説明を求められる。

だから最初に新規にどこかに出店する場合、こういう店をつくるというコンセプトプラン、それからその地域のマーケットに対するアプローチプラン、それを踏まえたいわゆる数値プランが三点セットで要求される。この三点セットで、事前のプレゼンをのりきらなきゃならない。これはおそらくリブロでは誰も経験していなくて、私だけがやっていた。

――そうだろうね、それは六本木のマーケティングじゃないけれど、地域とマーケット、百貨店、書店の横断性に加えて、開店予算、売上予測、ランニングコストを把握した上でなければできないから、書店現場を見ながら兼ねるというのは不可能で、中村さんしかその立場にいなかったと思うよ。

中村　まあ、確かにそういう事情もあって、これらを全部やることになってしまった。だから本のほうはどちらかというと、その店を担当する店長にとにかく任せる方針をとるしかなかった。深入りすればするほど、デザインも含めて店のハードの部分を考えていくと、からめるのはＭＤまでとてもじゃないけど、商品発注まで目を配れない。書棚のことだって、縦にするのか横にするのかを迷った時には開店後の客導線をみてどちらにも組み代えられるように配置した。

そこで重要なのは当初並行になっている照明と什器の関係で、配置換えをして直角になってしまうと棚や平台に照度の濃淡が出てしまう。そのために当初から通常の蛍光灯の直列を正方形の照明器具にしておいて、どうにでも組めるようにしていた。これはもちろんある程度の予算がないとできなかったけれども前に言ったようなことをして捻出していた。その店舗の準備に入る前から天伏図面を描き、照明計画までこなしていた。

――つまり百貨店が設備装置産業でもあるという流れに準じ、それに見合った書店空間を演出することに全力を傾けていた。

中村　そういってもいいけど、やっぱり消費者がその装置空間に浸る快感がなければ、百貨店にくる必要はないんだ。モノを買うだけだったら、他でも買えるわけだから。それを百貨店はきちんと自覚していたから、そのようなことを言い続けたんだと思う。私もその影響をもろに受けている。

28　書店戦略

――ちがう比喩でいえば、お寺はお寺なりの設備と装置があることで、その雰囲気に有難味が生じるというようなものですね。だから百貨店内の書店は客への対応も含めて、プロパーの書店よりもはるかにきめが細かいことを要求される。

中村　そういうことです。だから新たな出店に対して、そこの店長になる社員によく言っていたのは、「最初の年は入店客数を意識しろ」と。つまりその店にどれだけの客が入ってくるかを意識し、その入店客数を増やすことに専念しろと。二年目になったら、今度は購買比率を上げることを考えろといった。つまり来店客数のうちの何人が買ってくれるかが大事だと。

そして三年目に入ったら、購買冊数、つまり買ってくれた客が何冊買うかが大切になる。これは三年目の店がやるべきことは品揃えだという意味です。だから三年目に向けて、二年目からは品揃えに目を向けろと。本は食品とちがって一回しか買ってくれない。一人のひとが同じ本を二冊購入することはない。このようにして色々と考え、ある程度マーケットが見えてきたら、中心になる客層を想定すべきだ。例えば子供なのか、女性なのか、それともサラリーマンなのか、それが想定できる段階に達したのであれば、その客層を中心に据えた商品構成をするべきで、この分野の場合にはこの本とあの本は欠かせないとか棚に品揃えをするのは定盤になっている本、今を表現している本、売ってみたい本、そしてそれらと比較されるために置かれた本の四つしかない、とかをうるさく言い続けた。

それからよく言ったのは何でもかんでも棚に入れるな、入れることで他の本が売れなくなる本もある。客の九割は目的買いではないし、衝動買いだ。だから、見た目が大事。売場はいつもきれいに。それから本を読ませたら売れないともいった。読んだ気にさせることは必要だけど、読ませたら売れない、読ませていいのは児童書だけだと。

そうして三年経った時に購売冊数、すなわち客単価を上げることを考える。四年目に入ったら、もう一度客数のところに戻る。これを方法論として順番に繰り返していかないと、売上は伸びない。売上を上げるための方法論はこれなんだ。いつも同じことをワンパターンでやっていたのでは自然現象として売上は落ちると。

例えば、よく書店が陥りやすいのは品揃えに凝りすぎることだ。これは今泉氏なんかにもよく言ったことがあるんだけど、東京で品揃えに凝るのはいい。しかし東京以外は限定マーケットだから危険だと。限定マーケットというのは一人の客がリピーターである可能性も高いので、それ以上の客数は増えていかない。だから棚を固定化すると読者を限定し、それ以上増えない危険性もある。だから棚はいつも動かせとも言っていた。

―― いや、これはお世辞ではなく、とてもすばらしい書店講義で、感銘を受けています。

中村 でも今の書店に対しては、それを実行する労力の有無、労働環境を考えると、とてもいえない。

―― まず今見ていると、棚を動かすということ自体が死語になっている。郊外の複合店を見ていると、ただ朝のうちに新刊の入れ換えをやっているだけで、棚は単なる本の置き場所で、平台だって半年以上も置いてある本も見受けられる。

中村　でも動かさない限り小売店じゃないんだよ。平台からはずせない本でも位置は変えることが必要なんだ。小売店というものにはマーケット対応とマーケット創造のふたつの要素がある。そのマーケット対応にマーケット創造をどう組み合わせるかがポイントで、今泉棚というのはマーケット対応しているのではなく、マーケット創造しているわけだ。ところがこのマーケット創造だけが大事なのではなくて、マーケット対応するベースもないと、マーケット創造の意味さえ失ってしまう。品揃えに凝りすぎると、このマーケット対応部分を忘れてしまうから危険なわけです。この関係性は必要条件と十分条件にあたる。必要を満たしてこそ、十分が生きる。

――でも今はマーケット対応だけはできていても、マーケット創造はまったくできない書店市場になっているわけだから、こちらはこちらでまた危険で、問題ということだよ。

中村　マーケット対応だけでもできていれば、マーケット創造しかやっていないひとりよがりよりまだいいのかもしれない。

――ただ中村さんの話を聞いてて思うのはリブロという百貨店内書店という問題が絶えず絡んでいることだ。

中村　それは大いに絡んでいるし、芳林堂時代の書店経験とはまったく異質なものだった。

――他の売場との関係性とそのバランス、及び投影。

中村　そう、変なハレーションを起こしてもしょうがないからね。

29　基本は学参である

――それが十一階の時に特にあったのかな。

中村　十一階の時には上だけでなく、下にも売り場があるから、変なハレーションは起こしたくなかった。やはり百貨店というのは一回上がってもらって、シャワー効果を期待する。だから客を下へ降ろす考え方をしなければならない。それに対応できて、なおかつ全体的にも面白さを提供するための手段がブックフェアだった。

だからさっきの言葉を当てはめれば、書店のみならず、百貨店全体を面白くするマーケット創造がブックフェアということになる。でもそれと異なる通常の棚はマーケット対応の部分であるから、書店員としては両方ができて一人前というのが私の持論だった。

それでいつも本屋の基本は学参だ、学習参考書ができない書店員は失格だともいっていた。学参というのはマーケットニーズと去年の実績を踏まえて、どのように今年のマーケットに対応するかを徹底しなければならないジャンルだからだ。

――今泉氏もキディランドで学参から始めた話をしていましたが、当時の学参の占めるシェア、特に三、四月あたりの学参の売れ行きはすごかったわけですが、どれぐらいのシェアだったんですか。

中村 学参繁忙期の月の売上の四〇%ぐらいあった。だから私は学参に真剣に取り組んでいない書店には何の魅力も覚えなかった。その頃、私が他の総合書店の現場でまず見たのは学参売場だった。小参と中参の学参を通路を挟んで対面にしている書店はもうそれだけで、あとは見なかった。なぜならば、その店はお客のことを考えていないからだ。中学生がその通路に立っていたら、小学生はその通路に入っていけないことはわかりきっている。だから小参と中参の学参は通路を替え、必ず背中合わせにしろというのが商品構成の鉄則だ。それすらもわかっていない書店は失格に見えた。

――なるほどね、それは私なんかにはとても思いもよらぬ視点だ。でも当時の大型書店というか、地方の老舗書店の学参売場はそういったノウハウを当然のように蓄積していたのかな。

中村　いや、それは疑わしいし、限られていたように思う。多少なりとも顧客の視点をもっていた書店よりも取次や出版社の販売代行をしている書店ばかりだったと記憶している。それは他の分野にあっても顕著だったし、客の年齢差や男女差まで踏まえ、商品構成を考えていたかといったら、それはごく少ない書店だけだったんじゃないか。せいぜいエロ雑誌を区別するぐらいで。
　実用書なんかもそうだけど、例えば通路があって、前に囲碁将棋、奥に手芸の本が置いてあったりする。これは手芸を手前に持ってこなければどうしようもないわけで、基本的マーケティングがまったくできていない。

30　マーケティングとマーケット創造

――　中村さんがそのように断言できるのは、やっぱり百貨店における商品の売り方というか、マーチャンダイジングを身につけているからいえることであって、仲々書店プロパーの場合はそこまでのマーケティング手法を踏まえての販売はほとんど実現できていなかったと思うよ。

それに前にいったように、出版社・取次・書店という近代出版流通システムは上意下達的な階級構造から成り立ち、書店が近代商業として自立した位置にあったことはなかった。私たちが戦後出入りしていた商店街の書店にしても、とても小さかったから、本に関しては店主の目線と取次の送りつけだけで対応していたのが大半だったと思う。そのこともあり、店の立地がそのままマーケティングに他ならず、それでつい最近までやってきたわけだ。だから中村さんの話された書店講義はすばらしいものであるけれど、それまでの町のフリースタンディングの書店の内実とまったく異なるもので、百貨店が蓄積してきたマーチャンダイジングを反映させている。そこに書店としての進化、現代商業としての書店の姿を見るべき方向に出版業界も進むべきだったのに、そうはならなかった。

その原因は人材を育成しないパート、アルバイトで運営される郊外店と本や雑誌を売ることが二の次となるレンタル複合店の増殖で、これらはそれなりのマーケット対応しか追求しないから、マーケット創造の視点はまったく欠如している。

中村　スーパーとかショッピングセンター内の書店を見ていると、それを痛感するな。いかにも送られてくるものを置いているだけで、それなりのマーケット対応にしかなっていなくて、実用書でもいいから、その中のシンプルで生活に役立つ本をきちんと見せたり、今日の新刊といったコーナーをどうしてつくらないのかと思う。

―― それはスーパーやショッピングセンター内ではひとえに本や雑誌も買えますという二の次の感じに完全になってしまったからだね。

私が買物にいっているスーパー内の書店の場合、最初は町の商店といったコンセプトだったが、それがどんどん崩れていって、今では雑誌とコミックとベストセラーだけがただ置いてあるという感じになってしまった。

中村 そのただ置いてある感じというのは言い得て妙かもしれない。またそれに加えて、その程度のものしか刊行されていない現在の出版状況を象徴している。

―― それはまさに反映されている。血液型の本と『1Q84』（新潮社）がそれなりに並んでいるわけだから。そういえば、『KAGEROU』（ポプラ社）もしっかり並んでいた。

中村 スーパーやショッピングセンター内の書店はそれでいいかもしれないし、一概に責められない。ただ大型書店にはこれもそれなりの使命感とやらなければいけない本の売り方がある。それが失われてしまったら、何のための大型書店なのか、将来があるのかという話になってしまう。

31　書店の商業空間としてのオリジナリティ

――実際に無くなってしまうことだって考えられる。

中村　それは書店が商業空間としてのオリジナリティをきちんと示すことができるかどうかにかかっている。今はあまりにも本を置くことだけで満足していて、その後にある本の置き方の問題というレベルに達していない。

――その話を聞いていると、すぐにゾラの『ボヌール・デ・ダム百貨店』（論創社）を思い出してしまう。これは私が編集を担当したので手前味噌になってしまうが、この小説は近代商業小説の嚆矢で、百貨店という近代商業空間の追求と造型を描いている。

中村　まさにそうなんだ。この小説はもっと読まれていいと思うけど、残念ながら鹿島茂の『デパートを発明した夫婦』（現代新書）のタネ本に終わっている。本当にもっと読まれるべき小説だと思う。

――売場をどうやって演出し、それこそマーケット創造を実践するところまで描かれているからね。

中村　この小説に描かれていることは日本の百貨店では昔からやっているし、展開してきたことなんだが、ここまで言葉にはなっていなかった。

――　それで思い出したけれど、戦前の三越の書籍売場はものすごく評価が高かったと聞いたことがある。

中村　やっぱりついこの間までの三越は大変な百貨店で、モノを売ることと客層のステイタス性をはっきりと結びつけ、買物を演出し、満足感を与えることを店の使命にしていたし、それをきちんと実現していた。書籍売場も八重洲ＢＣに切替るまでその匂いを残していた。

だから出版業界ということでいえば、大型書店がその使命を果たさない限り、存在する理由がないと思う。ネット書店の倉庫では余りにも情けない。

――　ところがここ数年のベストセラー状況なんかを見ると、大型書店によるマーケット創造的なものは皆無だ。

中村　昨年、一昨年のベストセラーを見ると、大型書店の果たす使命はもはや失われたような気にさせられるし、ネット書店のショールーム的機能以外は、本当にもう先はないのかもしれない。

第Ⅳ部

32　未來社全点フェア

――それをいってしまうと話が終わってしまうので、西武ブックセンターの試みたマーケット創造のためのブックフェアの話をしてみて下さい。早いうちに未来社全点フェアをやりましたね。

中村　あれは佐野さんの発案で開店時の企画だった。彼がやりたいというので、やることにしたが、私は全面的に賛成ではなかった。全点フェアをやるほどには未來社の本を全て評価していたわけではなかったから。ただ私と佐野さんの力関係というものは新入社員と書籍部の責任者という立場からして、当然のことながらあったわけです。さらに、その頃書店でフェアをやること自体が返品を増やすことだとされて取次や出版社には嫌われていた。書店の立場は当然弱かったわけだから、取次や出版社は出品をためらっていて、ブックフェアをやれるのは資本のある西武だからだと、他の書店からは言われていた。

――当時の未來社は西谷能雄さんが元気で、松本昌次さんもいた頃だ。本当に全点仕入れたわけですか。

中村　そう、買切条件で全点を仕入れた。

――　それは快挙というか、とにかくすごいね。未來社は買切だったから、読者の誰も全点を見たことがなかったんじゃないだろうか。

中村　その頃は未來社の倉庫が目白にあって、そこの在庫をみながら仕入れにいった。だから旧価格本で百八十円のものなんかもあって、それらも拾った。だからそこそこは売れたけど、やはり佐野さんが西谷さんに全点買切ります。と最初に言っちゃったものだから、交換処理とか、常備の全額返品枠の転用などでそれを何とか消すのに五年ぐらいかかってしまった。ある程度は返品条件付きにしておけばよかったんだけど。

――　そうだろうね。旧定価本といえば、未來社もドラッカーの『現代大企業論』なんかも出していて、八〇年代に安い値段で買ったことがある。

中村　それらを含めて売れるものと売れないものの総価格交換なんかもやってもらいながら、そのフェアの事後処理に五年もかけていれば、これはマーケット創造どころか、究極の限定マーケットタイプのブックフェアの典型でしかないから。

でも未來社全点フェアをやったことで、面識がなかった西谷さんと小川さんの接点ができたことはメリットだった。そういったつながりを小川さんは求めていたからね。

33 催事台と内田百閒フェア

――そのブックフェアというもの百貨店独得の催事フェアと結びついていたんでしょう。

中村 当時の西武百貨店は、大店法が存続していて毎週木曜日が定休日で、営業時間も10時から18時までで、ほかの書店もほとんどが20時までで、21時までも稀れだった。働く人を大事にした時代だった。そんなふうにして金曜から立ち上がり、水曜日に終わる六日間をベースにしているので、それを単位にしてどこの売場でもフェアをやっていた。だから当然のように書籍売場でもそのためのスペースが設けられていた。私が入った時にはすでにそういうふうにできていて、四つのスペースがあった。

――それが大理石の催事台ですね。

中村 これも前にいった杉本貴志さんがデザインしプロデュースした。赤紫と青紫の配色の棚のデザインも担当し、目が悪くなるんじゃないかと思えるほど暗くて、その色で天井まで塗ってしまったので、色は吸収するし、照明の反射もない小生意気な飲み屋のような売場になっていた。大理石の催事台も同様にこれも完全固定で動かせない。ひとつは新刊コーナーとして使い、三つをフェアにあてるしかなかった。そこで毎週企画会議を持ち、それを有効に利用するフェアのスケジュールを組むことが必要になった。

――やはり繰り返しになってしまうけど、百貨店内書店として宿命づけられ、出発せざるを得なかった。

中村 でもそれが逆に面白かった。

――まあ、そうだろうね。普通の書店ではいきなり四ヵ所の、それも大理石の催事台というのはありえないから。

中村 絶対にないと思いますね。そんなわけで、新刊コーナー以外の他の三ヵ所は、様々なフェアスペースとして使い、必ずサイン装飾を入れていた。つまり本を陳列販売するだけでなく、タイトル看板や関連パネルなどを手配して、常に見せる効果を演出していた。百貨店自体がそういうものにものすごくうるさいから。予算獲得のためにフェア企画を説明すると、「売りはわかるけど、どうやって見せるの」という返事が戻ってくる。つまり百貨店内書店としては見せる部分が不可欠なわけだ。

――具体的な例を挙げてくれませんか。

中村　内田百閒フェアを例にすれば、〝百鬼園先生の風貌姿勢〟のようなタイトルでもちろん百閒のすべての著作本と関連書、その時に流通し、販売できる本ばかりでなく、展示物として初版本とかもできるだけ並べた。それに加えて、百閒の弟子の中村武志さんが住んでいた中野坂上のご自宅までいって、百閒の直筆の掛け軸、百閒が揮毫した中村さんの飲み屋時代のべんがらやという店の名前が入った暖簾とかを借り、さらに百閒の眼鏡や愛用していた小物なども置いた。年譜や幼年・少年時代の写真も木枠パネルで展示した。だからいわゆる普通の文学館がやる内田百閒展なんていうのはすでに手がけていたことになる。

――先駆けていたわけだ。

34　旺文社文庫断裁

中村　それだけじゃない。中村武志さんにもきてもらったし、もう一人の弟子の平山三郎さんも青山に住んでいたので、しゃべってもらった。だから以後のブックフェアの展開手法の基本形になっていった。あるテーマやコンセプトで本を集め、その元になったものや参考になるものをみせて、コンサートやトークなどを付加するというブックフェアのかたちをつくった。これが後のリブロの企画内容の手法としてつながっていく。

あの頃は旺文社文庫が百閒を盛んに出していた。

――まだ講談社の全集があるだけで、福武書店の全集は出ていなかった。

中村 そうそう、それで百閒先生著のこの文庫は四十点くらい出ていたんじゃなかったかな。

――当時の旺文社文庫は端倪すべからざるものがあった。

中村 百閒の文庫の編集をやっていたのは旺文社の文庫編集部にいた吉田さんという人で、今では七十過ぎになるだろうけど、まったく消息を聞かない。

――旺文社内部で編集していたのか。どこかの編集プロダクションにまかせていたんじゃないかと思っていた。

中村 いや、その吉田さんがほとんど一人でやっていた。彼は百閒の初版本の外函の表紙かカバー本の表一を文庫の表一カバーに使った。だから初版本と文庫本の表紙デザインは全く同じで、それを全部並べると、百閒の初版本コスモスが出現することになる。そういう文庫のビスタ効果も試みることもできた文庫だったなと思うし、それが以後次々とアイキャッチ効果のある文庫を産みだしてゆく力にもなっていった。

――ところがその旺文社文庫も突然断裁処分になってしまった。この理由については『盛岡さわや書店奮戦記』でふれているので繰り返しませんが、とんでもない部数の断裁だったはずだ。

中村　何の予告もなく、いきなり文庫の出版を止めるという通達がきて、「全部返品して下さい、すべて断裁します」で、すべてが終わってしまった。

サンリオ文庫の場合も同じプロセスではあったけれども、点数と量が限られていたし、ほとんどが海外ＳＦの翻訳ものでもあったので、絶版断裁になれば、急速に古書価が上がることは自明だった。だからその情報が入ると、取次在庫などをいち早く確保し、かなり売った記憶がある。

でも旺文社文庫の場合、いくらなんでも点数と量が多すぎて、一部のものを除いてそのような対応はとてもできなかった。本当に残念だとは思ったけど。

――あれは旺文社の学参の時代が終わったことを告げる象徴的な出来事だったような気がする。確か中学時代に最初はハードカバーで、旺文社文庫は創刊されていたから、学参の落とし子だったんだ。

中村　その吉田さんは旺文社の生え抜きの文庫編集者だったのかもしれない。おそらくそれを機に辞めちゃったんじゃないかな。

それはさておき、この中村、平山両氏にしゃべってもらった内田百閒フェアを生んだのが様々な講演イベントで、話をしてもらって、その講演者が選んだ百冊の本という企画から結びついてきている。最初はドナルド・キーンさんか渡部昇一さんだったと思う。この〝○○さんが選んだ○○のための百冊の本〟というのがシリーズ化されてかなり続いた。覚えているのは立花隆さん、山本七平さん、浅井慎平さんなど、まだまだお世話になった方が多いと思う。

35　地方・小出版流通センターフェア

――　西武ブックセンターの初期の企画で最も注目を浴びたのは地方・小出版流通センターのフェアだったと思う。当時それが盛況だったことは色んなところで報道されていた。何かその記事でも使おうかと考え、資料を探していたら、出版ニュース社編『出版データブック1945～1996』の一九七六年の10大ニュースのひとつとして、次のように取り上げられていたので、それをまず示しておきます。

地方・小出版流通センター発足—地方出版物、小出版社の出版物を一堂に集めて販売する「地方・小出版流通センター」がオープンした。七五年秋に東村山図書館が行なった「地方出版物展示会」が契機になって地方出版物への関心がたかまったが、それをうけたかたちで新しい事業をはじめたもの。

地方出版物はその大部分が、いわゆる正常ルートにのらないものである。そして、そのなかには興味深い本が多くあるのも事実。小出版社のものも同様である。ほしい本が手にはいらないという読者の声に応える意味でこのセンターの発足の意義は大きい。

五月末には東京の西武百貨店（池袋）で開いたブックフェアが盛況で、その後全国各地でフェアが開かれた。その模様がマスコミでとりあげられ、センターの存在が知られた。また、地方・小出版物の取扱い目録『あなたは、この本を知っていますか』（Ⅰ・Ⅱ集）を刊行し、読者と版元を結ぶ情報紙『アクセス』（定期刊）を創刊した。

地方出版物への関心の高まりを背景に、センターの活動は、読者をはじめ、出版界、図書館界でも注目された一年であった。

中村　これには色々と事情がある。前述した佐野さんは百貨店という器で初めて古本まつりを行なった人で、今各地で開かれている古本展のはしりを企画した人です。だからデパートでは西武が最初に始めたところで、地元の東京古書組合加盟の豊島区や練馬区の古本屋が中心となって毎年やるようになっていく。

それに対して、神田の一誠堂、谷中の鶉屋書店、本郷の琳琅閣、井上書店などの大御所の古本屋の集まる会があり、一年半、もしくは二年に一度開かれていた。このふたつが書籍部が実施する古本催事だった。この古書展の売上はすごいもので六日間で一億八千万円ぐらいはあった。単価がまったくちがうんです。それこそ弘文荘の反町茂雄さんが法隆寺の百万塔を買いにきて、その応対をしたことがある。八百五十万円ほどの現金払いだった。それは廃仏毀釈の時に持ち出された代物だと考えられるものだった。

その他にもグーテンベルクの聖書が出され、それをある公共図書館が買った。確か千何百万だった。そういう時代でもあった。

——それはすごいね。新刊だったら考えられないし、それらの単価はそれなりの当時の総合書店の月商に見合っているんじゃないかな。

中村　だから古書展のほうは本の骨董屋的なところがあったが、古本まつりは普通の古本だからその売上は一週間で七、八千万円といったところで、古書展の半分ぐらいだった。

――でもこの波及効果というのはちがう意味で大きかったように思える。その後古本まつりが全国各地の西武百貨店や西友でも開催され、そのことによって様々な波紋が広がっていったと考えられるから。例えば、今泉氏が前橋の西友で地元の古本屋と知り合ったのもこの古本まつりがきっかけだったろうし、私にしても清水の西友の書籍売場にいた丸山氏と知り合ったのも古本まつりを通じてだった。さらに丸山氏はこれをきっかけにして自由フォーラムという古本屋グループを始めるわけだから。そしてそこにはまだ無名だった須賀敦子もいた。

中村　確かにそう考えていくと、古本まつりの波及効果は売上は百貨店ではそれほどでもなかったけど、後に大きな影響を及ぼしていったかもしれないな。今は亡き中川道弘氏が始めた上野文庫もそうだし、古書肆マルドロール、麗文堂書店、黒猫堂もリブロ出身者たちが始めた古本屋なわけだから。

――京都の書肆砂の書もリブロ出身者だよ。だから全国レベルで見ると、西武ブックセンターが仕掛けた古本まつりは予想以上の波紋の広がりを示し、地方・小出版流通センターフェアもその一環として捉えられるのではないだろうか。今泉流にいえば、古本まつりの大いなる連鎖といったところかな。

中村　その背景と事情を話すと、七六年の古本まつりの時に同時開催で、何かの物産展が予定されていた。それが急遽取り止めになってしまった。といってその会場をあけておくわけにもいかないので使う必要に迫られた。古本まつりのメンバーの古本屋に何とか使ってくれないかと相談したが、一年前から準備してのぞんでいることもあり、いきなり言われても急には広げられないということだった。

そこで地方・小出版流通センターのことが頭に浮かんだ。模索舎時代から川上さんを知っていて、地方小を立ち上げたばかりだったが、既に売場では取引口座を開設していた。ただ通常の取引量はそれほどの金額になっていなかった。彼と一緒に働いていたのは有北氏といって、その後リブロの藤沢店に入っている。その彼を通じて川上さんに全国の地方出版社のブックフェアをやらないかと声をかけた。そうしたら、「やる」というんだ。「わかった。あなたがやるというのであれば、企画を通してみせる。だから早速準備してくれ」と伝え、百貨店の営業催事部に「ふるさとの本まつり」という企画を出した。いかにも百貨店が喜びそうなタイトルだろう。

――さすがだね。

中村　企画を通すにはそれなりのテクニックが必要で、「ふるさとの本まつり」と銘打ち、全国各地から、こころに届くふるさとの物産として中身の提案をしていく。そうすると、営業催事部は納得するわけだ。百貨店はこういうふうなテクニックを必要とする場であることはすでに学んでいた。

――芳林堂時代と異なり、百貨店の内で若造からしたたかに成長していった軌跡を示していることになるし、今泉氏のフェアの「パラダイム」じゃないけど、百貨店に合わせるネーミングやコピーの才もないといけない。

中村　そうなんだ。相手をよく見ていわないと駄目なので、最初から言葉を選んでいる。つまり現地へいったら現地語でしゃべる必要があるし、それは痛感していたからね。だから地方・小出版流通センターフェアもふるさとという名を冠にすることで通したわけだ。

36　本と人が出会う画期的イベント

――当時の出版状況からすれば、画期的なイベントだったと思うが、私はいきそびれてしまって残念です。具体的にはどんなフェア形式だったのかしら。

中村　各県別にブースをつくった。古本と同様の台を置き、書棚を並べ、そこに県別のプレートを掲げ、本を並べる形式だった。地方・小出版流通センターから全国にここでのフェアが発信されていたので、出版物だけではなく、それらに関係した人たちがその時に東京にやってきた。地方で出版社を営んでいた人たちが一堂に会したといっても過言ではないし、それまでそのような機会がなかったので、名前だけ知っていても面識のなかった人たちがそこで会ったりするわけだ。例えば山口のマツノ書店の松野さんと津軽書房の高橋さんが出会い、「いや、あなたですか」と挨拶を交わしている。これを見ているだけでうれしかった。

――それが感動的な光景だったことはよくわかるな。それとものすごく時代を感じさせる。今はデジタル時代で、ネット上では誰でもが気軽に会えるし、本を見るにしても探すにしてもとても容易になっている。ところが当時はアナログの時代だから、とりわけ地方出版物や小出版社の場合、流通の制約もあったから、人も本も現実に出会わないと、すべてが始まらなかった。それが一挙に実現したわけだから、とんでもない画期的なフェアだった。

中村　そうなんだ、マツノ書店と津軽書房のような出会いの光景があちこちに見られた。

――中村さん、仏文なんだから、それらの出会いについてロートレアモンを引用しなくていいのかい。

中村　それはいいよ、やりすぎになってしまうから。それよりもオープニングの日に百貨店の食堂を借り切ってパーティを開いた。これも出会いの熱気があふれ、盛況だった。

――でも経費なんかは出ないだろうし、持ち出しだったんじゃないの。

中村　もちろん持ち出しだけど、まあ、いいやという気にもなっていたし、マスコミの取材や波及効果を考えれば、百貨店に損をさせなかったという確信はあったから。それに地方・小出版流通センターとは直取引で、一千万円ほどは売れていた。

――当時のフェアで、一千万円の売上というと、結構な金額のようにも思えますが。

中村　古本まつりの売上は前にもいったように七千万円ぐらいだった。ただ地方・小出版流通センターフェアの試みは初めてだったし、どのようなものが売れていたのかも覚えていないので、ちょっと比較のしようがない。それに古本まつりに比べて規模は小さく、七、八十坪の会場だったから。

しかしこのフェアの要は古本まつりと一緒に開催したことにあるんです。これは初めて話すことだけど、この当時の百貨店の支払いは月末締めの翌月末払いだった。だが古本まつりを最初に誘致した事情もあって、支払いを考慮しなければならない業界ということもあり、稟議書を切って規定よりも早く払っていた。これは古本屋と古書組合にはとても喜ばれた。この支払いに合わせて、地方・小出版流通センターにも同じように稟議書を切り、それよりも早く支払った。現金で八百万円ほどになり、これが地方小の当初の運転資金になった。

――すばらしい。

中村 これで地方小は一息つき、何とかやっていける目途が立った。それまでは商品流通は始まっていても、金が回らず、ずっと苦しい状態に置かれていたから。

――これは全部載せていいのかしら。

中村 もう三十五年も前の話だし、出版史の事実として残しておいたほうがいいと思うので、それはかまわないよ。こういう機会がなければ、話すこともなかったからね。そのこともあって、地方小扱いの出版物を皮切りに地方の本や少部数出版物の常設化につながった。そしてそれが全国の書店へと広がっていった。

37 筑摩書房支援フェア

――でも出版業界はそういうところで持っているというか、支えられてきた。お金に関しては来月の百万円よりも今日の十万円ということがどうしてもある。私たちも鈴木書店によって、そのように助けられてきたし、出版業界における相互扶助というものがずっと存在し、それがセーフティネットになっていたとよくわかる。その相互扶助的なところというか、支援の精神は筑摩書房の倒産の時にも発揮されることにもなる。

中村　確かに同じようなことだね。筑摩の倒産を知ったのはその日の三時半頃だった。それで山西氏と二人で、どうするか話し合って、ここは積極的に売る側に立つべきだとの結論に達した。つまりすぐに取次在庫を仕入れにいくことになったわけだ。小川さんはもって回った相談を嫌うから、「今からいってきます」と報告した。すると小川さんが「今からいって抜けるか」というので、「今からでは日販は無理なので、東販にいって抜いてきます」と答えた。それから電車の中で、流通倉庫からではなく店売から抜くべきだと考え、彼と二人で東販の店売にあった筑摩書房の本をほとんど棚から抜いてパレットの上に積み上げて、東販の担当者を呼び、「明日送ってくれ」と頼み、西武ブックセンターの紙をその上に大きく張ってきた。

その噂が担当者を通じて、東販社内にたちまち広まり、西武ブックセンターが筑摩の倒産を聞きつけ、返品するのではなく、逆に大量に抜いていったということで、他の書店の東販担当者の連中が飛んできて、倉庫にある在庫の確保に走り、各支店にも連絡を入れた。当然他の取次店や書店にも伝わって返品しようとしていた業界の流れが急に止まってしまった。

もっともその時はそこまで考えていなかった。どうせ他の書店は返品するだろうから、こっちはこの際全部売ってやろうじゃないかというつもりにすぎなかったんだけれど。

―― あの時代の出版業界というか、とりわけ書店の情報はあっという間に伝わっていたから、西武ブックセンターが筑摩の本を押さえたという噂もたちまち全国レベルに広がったと思うよ。

中村 それでも隠密行動でもないし、今でいうパフォーマンス的な見栄でもなかったから、公表もしていなかった。東販からの入荷は翌々日で、次の日にまとめて展示販売した。そうしたら『新文化』に筑摩書房の本フェア云々と記事が出てしまった。

――私もそれを読んだ記憶がある。

中村　その記事が出て、日販が帖合取次だったから、日販の役員会でその記事を手にして「これは当然うちから抜いたんだろうな」という話になった。ところが日販の店売からは抜いていない。東販のほうで抜いたことが明らかになり、日販の役員が小川さんのところに、文句というよりも「そういうことであれば、日販は夜間でも玄関を開けておきます」と連絡してきた。まだいい時代だったなと思う。

――それに相乗してよかったのは東販や日販にしても、全国に支店はかなりあるし、筑摩の在庫も備えていたから、それらの返品も生じなかったことだ。

中村　あの時の社長は井上さんだったと思うけど、あの倒産をきっかけにして、大幅な人員整理と人事改革があり、確かこの間会長になった菊池さんが営業課長に戻ったりして、後に蔵前に移った時の経営陣のほとんどが倒産時の各取次、書店の動きを見ていた。専務の熊沢さんも営業の責任者だった加田さんも最近退職した松田さんも、亡くなった田中達治さんもそうだったし、彼らは西武ブックセンター＝リブロに足を向けて寝られないといってくれていた。

その上、その後筑摩の役員になったこれらの人たちは、私たちが抜きにいくよと小川さんに伝えた時、普通の経営者であれば反対するはずなのに、小川さんが、すぐにＯＫしたということさえも知っていた。出版業界の奇妙なつながりなんだけれど小川さんの慶応時代からの友達で、今は以文社をやっている、当時筑摩の経済系の編集者の勝股さんから社内には伝わっていたようだ。それも後で小川さんが冗談めかしていっていた。

――小川さんの話は無作為の作為だと思う。彼の本を読んだり、色々な話をつなげていくと、結果としてそうなったというような。

中村　私もそう思う。正直にいえば、そこまでは考えていなかった。そういう意味では結果オーライとなって、非常に恵まれた星の下にあった人だね。でも逆にいうと、それで運を使い果たして、早死にしてしまったのかもしれないという気にもさせられる。

――でもそれでなければ、経歴からいっても書店経営なんかできるわけがないし、それを自分でもよくわかっていたから、中村さんを始めとする多くの人たちを積極的にリクルートした。山西さんを連れてきたのもその表れだった。

中村　確かにリブロは書店ＯＢと中小出版社ＯＢのたまり場で、「リブロは書店と編集者の見本市か吹きだまりだ」と冗談でいっていた。いなかったのは有隣堂だけかもしれない。どうしてなのか有隣堂の社員は動かないように聞いている。その後入ったのかもしれないけど。

38　ひとりだけの出版社フェア

――ところでブックフェアの話を続けるけど、地方小のフェアの後に「ひとりだけの出版社」というフェアもやりましたよね。

中村　これは調べるのが大変だった。従業員のいる出版社は除き、奥さんが無給で手伝っているところは許容とする条件で、探していったわけだ。これは地方・小出版流通センター扱いだけではなく、取次店に口座を持っているところも、直取引しかやっていないところもあるから、ものすごく手間がかかった。

――どうやって調べたんですか。

中村　色んな人の話を聞き、大体見当をつけてリストアップし、それを端から電話していった。「つかぬことをお伺いしますが、お宅はひとりでやっておられる出版社でしょうか」と。向こうも何の用件なのかわからないから、そんなことを電話でいきなりいわれて、ほとんどがとまどっていた。

そんなことから始めて、一番仲良くなったのが今思い出すと、土筆社の吉倉伸さんだった。

――やっぱりね、私もそうだと思った。

中村 土筆社ももう忘れ去られてしまった出版社だろうけど、前田俊彦の『瓢鰻亭通信』、綱野菊の『白文鳥』、伊東三郎の『高くたかく遠くの方へ』といったしっかりした本を出していた。吉倉さんは筑摩書房出身で、本当にいい人だった。

――どう考えても採算が合わないではないかという立派すぎる本ばかりで、一冊の本に丸々六年間を費やしたなんて話もあるほどだ。あれは九〇年前後だったかな、かなり古本屋にゾッキ本が出回って、土筆社は何らかの事情で閉じたのかと思わされた。今でも本当に気の毒なくらいの値段で売られている。

中村 吉倉さんには娘さんがいて、彼女が確か書店をやっていると思う。

――そうなの、それは知らなかった。

中村 奈良か、和歌山の山の中で、児童書の専門店を営んでいるはずだ。これもいいか悪いかわからないけど、父と娘の連鎖だね。

――弓立社も入っていたんでしょう、宮下和夫さんもひとりでやっていたし、吉本隆明の『敗北の構造』を出していたから。

中村　どうだったかな、残念なことにあの頃のフェアの記憶は色んなことがごちゃごちゃになっていて、よく思い出せないんだ。特に地方小のフェアとひとりだけの出版社フェアは出版社も重なり合っていたはずで、出版社名がすらすらと出てこない。宮下さんにも参加してくれたのかを聞かないといけないな。

これは今泉氏もそうだっただろうが、フェアの資料は企画した本人でも意外と持っていないものなんだ。よく店舗デザインの人が前のデザインを空にして、次のデザインを考えるといっていたけど、フェアを次々とやっていく場合も同じことがいえる。前のフェアにいつまでも執着していると、次のフェアに向かえないし、頭の中の記憶保存もわずらわしいので、そのままにしてしまうケースがほとんどということになる。当事者が資料を保存していないのもそうした事情によっている。

ただ意外に資料を持っているのが山西氏で、彼はブックフェアの資料だけでなく、リブロが地下に移動し、本格的にリニューアルした時に顧客プレゼントにした、石川九楊さんの文字が透けて見える一センチ角の方眼用紙の便箋なんだが、それまで持っている。お客さんに全部配ってしまい、誰も持っていないと思っていた。

――それならブックフェア資料については彼に一度問い合わせてみたほうがいいかもしれないね。

でもそれは承知の上で、とにかく開催したフェアのことを挙げていきましょうよ。

39　限定マーケットとラテンアメリカ文学フェア

中村　バレエのブックフェアは限定マーケットを対象にした最初の企画だった。これは弘栄堂の労働組合の大井さんの剣道フェアにヒントを得た。彼が剣道をやっていたこともあるんだけど、「小さな限界マーケットを徹底してやると面白い」といったことが頭の中に残っていたからだ。狭いマーケットを徹底的に押さえるというフェアの皮切りがバレエで、それが後の宝塚フェアなどにつながっていった。カタログを作成して通信販売を始めたのもこれからと思う。
――そういうフェア企画を考えていくと、その後の雑誌の『ダンスマガジン』創刊とか、山岸涼子のダンスコミック、格闘技ものなどもみんな連鎖していく。
中村　これもその後のビデオによる映画リバイバルと絡んでいるけど、映画のチラシやパンフレットフェアもやった。そしてチラシからポスターにまで及んだ。映画のチラシ専門の古本屋を始めた人の話から、ＡＴＧだけが入手できないと聞き、ＡＴＧの多賀祥介さんに会いにいき、ＡＴＧのあるだけの在庫を出してもらったこともある。

――それがＡＴＧの地方小の口座の開設につながっているのかもしれないね。

中村　そうかもしれないけど、例によってよく覚えていない。

その手の映画関係のチラシにしろパンフレットにしろ、今は当たり前のように残す輩が存在するが、当時は捨ててしまうものだった。だからそれらの打ち捨てられたものにあらためて陽の目を見せたことは、フェアの充実感として特別な感慨があった。

その頃よく部下を含め廻りの連中に言っていたのは、プロパーのものをそのまま拡大してもフェアにはならないと。プロパーとは百貨店用語で普通の売場をさすのだが、その例でいうと、釣りの本の売場で釣りの季節がきたから、場所を広げて釣りの本フェアとやっても、それはまったくフェアにならない。ただそこに棚の分類とは異なるコンセプトを持ってきて串刺しにし、そこにヘラブナ釣りが入っていれば、それはそれでフェアになる。

そういう考えに基づき、普段手に入らないもの、それから異なるコンセプトを導き、串刺しにできるものというフェアを意識してやっていた。だから普段手に入らないものの路線、そこから派生する路線、誰々が選んだ路線という三つをキーにして、フェア企画のオリジナリティと多様性を追求していった。それが考え方の基本であり、全部の位置づけがなされていた。地方小やひとりだけの出版社のフェアもこれから導き出されたし、さらにバレエなどのこれからの先取りとしてのフェアも含まれていた。先取りというのはまだ普段手に入らない分野に属していたからだ。

――ラテンアメリカ文学フェアもその路線から考えられたわけですね。これは新潮社から聞いたんだけど、マルケスの『百年の孤独』は刊行してからもほとんど売れなかったらしい。評判はよかったし、書評もそれなりに出たにもかかわらず、売れないので一時は絶版にするつもりでいた。ところがデータを見ると、高田馬場の芳林堂だけが売り続けていたことがわかり、絶版を思いとどまった。それでマルケスがノーベル賞をとった時、絶版になっていなくて面目が保たれたと。

中村　それは私の後の世代の話だ。名前を忘れてしまったが、一度会ったことがある。彼は私が企画した西武ブックセンターでのラテンアメリカ文学フェアに学生時代に触発され、芳林堂で力を入れてコーナー化などをして売り始めたんだと聞いた。

私の時代にはまだ『百年の孤独』の邦訳されたばかりの時じゃないかな。水声社の鈴木宏さんが国書刊行会にいて、「ラテンアメリカ文学叢書」を出し始めた時で。

――国書刊行会の「ラテンアメリカ文学叢書」は懐しいね。あれでコルターサルもバルガス・リョサも初めて読んだし、確か全巻を読んだ記憶がある。みんな面白いので、これからは本格的にラテンアメリカ文学の時代がくると思った。それとこれはロジェ・カイヨワが編集したフランスのラテンアメリカ文学翻訳シリーズの「南十字星叢書」にヒントを得たなと思っていたし、鈴木さんとそんな話もしたりした。

中村　私もそれらの話を聞かされていて、すでに紹介されていたボルヘスだけじゃないラテンアメリカ文学フェアをやろうと決めても、ひとつ問題があることを知った。当時中南米の国同士の仲が悪くて、各国の協賛が得られるかどうかわからない。何しろまだ情報が少ないわけだから、色んな情報を各国から仰がなければならない。そうしたらブラジル大使館のクレスポさんという人がブラジル文部省につながりを持っていて、文学関係のルートを確保していた。そこで彼のルートから各国へ案内状を出してもらった。それと同時に頼んだのは、日本の新聞社にもラテンアメリカの作家の顔写真が全くないので、それを提供してもらうことだった。

そうして集めた作家の顔写真が誰なのかをクレスポさんが文字を判読し、写真の紙焼きの後ろにカタカナで書いてもらった。彼はカタカナが書けたから。でもその紙焼き写真を木枠のパネルに貼ってしまったので、誰だかわからなくなってしまった。今思えば笑い話だけどね。それで困ってしまい、誰かわかる人がいないかと探していたところ、鈴木さんに荒俣宏氏が連れられてきた。まだ彼がまったくの無名の時代で、喫茶店のコヤマで会い、顔写真を判別してもらった。

―― 彼は創土社にかかわっていたから、ラテンアメリカ文学にも通じていたのかな。

中村 それもあるかもしれないけれど、こいつは何者だと思うくらいいろいろなことに詳しかった。生半可な知識じゃなかったね。その頃から。

顔写真のこともあったけれど、問題なのは雑誌や短編集も含めて、邦訳されているタイトルがせいぜい四十点ぐらいしかなく、少しヴォリュームに欠けていた。ところが雑誌にフェアの紹介が掲載されたりしてかなり売れてしまい、補充が追いつかなくなってしまった。というより出版社に在庫がなくなってきていた。最初わかる人はいるかなと思って始めたんだが、「面白い企画をやっていますね」と声をかけてくれる客もいて、買う人は一冊だけでなく、まとめて買っていったりしたことも多かったからだ。

これには後日譚があって、当時『ユリイカ』の編集長だった三浦雅士さんがきて、「ラテンアメリカ文学特集を組みたいが、写真がないのでフェアが終了後に貸してほしい」と言ってきた。「クレジットだけを入れてくれればいい」と返事をして、写真を貸すことにした。それが彼との付き合いの初めで、その写真を取りにきたのが今はすっかり書き手になった歌田明弘さんだったと思う。

――その後にそれこそホセ・ドノソの『ラテンアメリカ文学のブーム』（東海大学出版会）じゃないけど、集英社の『ラテンアメリカの文学』が続き、これもまたそのフェアが先駆けだったことになる。みんながつながっていく。

40 企業ＰＲ誌フェア

――それから企業ＰＲ誌フェアもあったよね。

中村 それも確かにやりました。

――これはどのくらい種類を集めたのかしら。

中村 百七、八十誌は集めた。

――そんなにあったの。

中村　この時に、朝日新聞の東京版に全面広告を打った。三八《さんやつ》の十五段の真ん中を抜いて、フェア期間の案内も入れた。協賛広告で、電通のPRセンターに間に入ってやってもらった。

企業PR誌を集める時には全部足で回って出品をお願いした。当然のことながらほとんどは市販はしていなかった。売っていないものを揃えて、フェア期間限定で販売したものもあった。そうすることにフェアの意味があったわけだからだ。経費として一五％しかいただかなかったはずだから、商品の仕入としては八五掛けということになる。でも出品企業は物品売買とはみなさないので、その分のほとんどを点字図書館に寄付した。こちらも経費分以上に寄付金に上乗せしたと思う。だから企業にはPR誌を出してもらったけど、金銭的にはほとんど企業には還元していない。時代もまだよかったけど、よく企業も協力してくれた。全く利益としては貢献していないけど、こういうやり方もあるということを学んだ。

エッソスタンダード石油は一部ではかなり評価が高かった「エナジー対話・エナジー叢書」を出していたが、あれを全部出してくれた。その時の編集長は高田宏さんだった。TBSの上にあった編集室に会いにいって、彼に企画を説明した。「エナジー」の場合、日本のオピニオンリーダー一万人に配布するという建前で発行していたので、販売についてはエッソの役員会にかける必要があった。高田さんはそこまでもやってくれた。

その他にはサントリーもよく協力してくれた。小玉武さんが『サントリー・クォータリー』の編集長で、後に早稲田の教授になって、著書も筑摩書房から数点刊行されているはずだけど、バックナンバーも含め、グループで刊行しているものを全部出してくれた。山口瞳さんとも親しかった人なので、フェア期間中は山口さんも覗きに来てくれた。

ほかには印象に残っているのは資生堂やホンダ、富士ゼロックス、ＴＢＳ、オリベッティ、川島織物、日本ＩＢＭなどで、当時の日本の企業は文化・広報の面でも元気だったなと思う。それから出版社プロパーと異なるところに優秀な編集者がいたということだろうな。高田さんや小玉さんの他にもポーラ化粧品の『ＩＳ』の七字英輔さんやたばこ総合研究センターの『談』の佐藤真さんなんかもそうだった。

そうそう、思い出した。その中でもとりわけ印象に残っているのは近畿日本ツーリストの『あるく・みる・きく』だ。これは秋葉原にあった近ツリのシンクタンクとしての日本観光文化研究所が出していて、所長の宮本常一さんに会っている。宮本さんに企画の主旨を説明したところ、「すぐに出すようにします」といってくれた。

――　去年に農文協から『宮本常一と歩いた昭和の日本』というシリーズが刊行され始めているけど、これは『あるく・みる・きく』の連載をベースにして編集構成されたもので、まさに近ツリのPR誌の遺産の継承だし、時宜を得た企画だと思う。『あるく・みる・きく』は実際には薄い雑誌だったけれども、あの雑誌でしか組めなかった特集がいくつもあり、本当に印象に残っている。

ところで今挙げてきたこれらのPR誌のいくつもが地方・小出版流通センター経由で書店でも買えるようになったのは、このフェアの余波があってのことなのかな。

中村　フェアが終了した後になって、継続して読みたいという声が続々と上がり、一手独占販売をするという考えはもともとなかったので、どこでも購入できるようにするには、川上さんのところで取引をしてもらうのがいいと思った。それで地方小の口座を開設することになったわけで、このフェアはこちらも持ち出しでしかなかったけど、それだけの多くの企業PR誌を知らしめたことと、以後購入できる環境をつくることができたことで意義があったと考えるべきだろうね。

ここには挙げられなかったが、織物、食品、建築などの各種のメーカーも優れたPR誌を出していて、文化貢献と企業経営のバランスの配慮が保たれていたとよくわかった。

――だから私の考えではメセナといわれるようになって駄目になったんじゃないかな。どこの企業も黙々とやるのが当たり前ということで、ＰＲ誌を刊行していた。これは戦後の文化国家の建設というスローガンの名残りで、それがまだ企業にも浸透していた時代だったからだと思う。メセナというとなにか下心があるような気にもなるが、今になって思えば、ＰＲ誌はそうではない企業文化じゃなかったか。もうそういうフェアをやろうと思っても、ＰＲ誌を出している企業自体が少なくなってしまった。

中村　雑誌というかたちがもうサイズ的に合わなくなっているのかもしれないが、確かに出さなくなってしまった。今は端末をたたいて、自画自賛しているだけの社会貢献や文化活動の情報を見せるだけで終わっている。以前は情報と教養に対する企業の認識がＰＲ誌に体現されていたと考えるべきで、それが今は単なる情報公開だけですまされる企業体質になってしまったことが、沈滞してしまった原因なのかもしれない。今の読者のレベルに合致していると言ってしまえばそれまでだが。

第Ⅴ部

41　学参の仕入れについて

――今度はまったく視点を変え、さっき少し話に出た学参の話をうかがいたいと思います。これなら特殊な企画のことではないし、総合書店であれば、今でも時期によってはかなりのシェアと売上を占めているからです。芳林堂の元担当者に学参の即戦力として入社してもらったことからもわかるように、西武ブックセンターも書店としては新参だったわけだから、とても苦労されたんじゃないか。老舗書店との絡みと新参者の立場があって、これはこれで独得の仕入れの難しさがついて回る。

中村　それは本当にありますね。特に主要な高参、大学受験分野は間違いなく積極的に動ける経験者が必要でした。

――一般の学参や辞典の問題はともかく、教科書準拠版のガイド、赤本、大学入学願書、旺文社の「傾向と対策」シリーズなどは東販や日販だけではとても間に合わないから、日教販も使っていたわけですか。

中村　日教販だけでじゃなかった。高参、塾物までの品揃え、それも必要な時に必要な量をとなると、最低でも三つぐらいの取次店と取引をしないと無理だった。

――そうだろうね。

中村　今挙げてくれたそれぞれの分野はいずれもかなり難しい部分があって、まずいくつかに話をわけて、まず願書の件からいってみます。願書を仕切っていた大学通信は自民党の中曽根派の幹部が関係していた。それで自民党筋からお願いすると、取引も含め障害はなくなった。数年後には受付締切日ギリギリまで販売体制をとれるようになっていた。でも上から話を通すほうが効果としてはあるが、先に現場から話を上げるのを忘れるということは長続きしない。

――それはあえて聞きませんが、いわゆるバッジを使うのは西武ブックセンタールートとは考えられないから、百貨店ルートなんでしょうね。

中村　でもさすがに赤本は苦労した。赤本を出している京都の教学社まで学参責任者とお願いにいきました。昨年、一昨年の月別・日別の販売データを見せ、入荷部数がとても足りないので、かなり売り損じていると説明した。すると向こうは「わかりました。そこまでおっしゃるなら、条件がひとつあります。帖合取次はそのままにして、もうひとつ帖合を増やしてほしい」といわれた。まだ日教販が飯田橋にあった頃で、事情を説明して口座を開いた。条件は帖合取次店との取引量は維持しつつ、売上増を見込む分のみの取引をたのんだということだ。準拠版系や「傾向と対策」はそれほど大きな問題ではなかったと思うな。

――日教販で大丈夫だったのかな。

中村 というか、日教販に加えて、神田村の学参専門取次の博文社をも合わせて取引していたから、旺文社、学研、文英堂、受験研究社などは何とか不足なく入るようになっていた。博文社は塾関係の学参も扱い始めていたので、その方面もフォローもできた。それまで博文社は紀伊國屋書店の学参専門取次のような感じだった。

――そうか、やっぱり東京の学参市場というのは多様性もあって、小回りもきくんだね。地方の書店の場合、学参期になると、誰に聞いても願書と赤本の問題で、どうしても入荷せず、菓子折を持って謝りにいったというのをさんざん聞かされた。

中村 それは私もやりましたよ。

――そうなの。

中村 だって、本当に在庫切れになってしまえば、刷り増しをすることはまずありえないから。入荷すると約束したのに入荷不能となれば謝りにいかないと、受験をどうしてくれるんだということにもなりかねない。入学願書がどこにもなくなってしまったことがあって、その大学の事務局にまでわけてもらいにいったことまである。赤本では、とにかく部数の確保にはテクニックが必要だった。

―― 教学社の赤本の注文というのは注文リストが事前にきて、書きこんで注文を出しているわけでしょう。

中村 ところが注文書に数を書きこんでも、そのとおりに入荷するとは限らないし、教学社とはよくもめた。今でも思い出すが、担当者とはよく喧嘩した。ところがその原因は教学社から送られた数よりも、売上冊数が多いことから始まっている。

それを話すと、教学社からは初回は日販、追加は日教販を通してと頼まれたから、初めは日販ルートで教学社は赤本を送ってくる。これが教学社の西武ブックセンターへの配本実績となる。実際はこれに日教販への追加入荷があるが、それでもこちらは足りないから、さらに日教販の裁量分、それに加えて東販、日販の裁量分だけではなく事故残までも取る。だから赤本の配本に三つの仕入れが重なるので、「教学社の認識している配本よりも、どうして売上冊数がこんなに多いんですか」ということになり、向こうとしては納得がいかず、面白くないから、言い争いになってしまう。

――指定帖合取次店を通す約束は守っていても。

中村 売上冊数に配本した分だけでなく、日教販の残も加わっているのはもちろんわかっているんだけど、東販や日販、それも支店残まで手配して、その分まで持ってきたということが気に食わないんだろうね。百部しか送っていないのに、二百部売っていることになれば、日販も日教販も取次店としての立場と面目も立たないとまで言われた。売っているのは書店なのに、どうして取次の立場と言われたのか今でもわからない。これはこれで、教学社と各取次の力関係、取引力学も大いに作用しているのだろうけど。

――それに関して、今では出版社や取次の事情も変わっているかもしれないので、少しばかり補足しておきます。中村さんがいっている取次の「残」とは、出版社が人気商品を取次に搬入した時、それがすべて注文に応じて書店に配本されることはなく、取次の隠れたる目玉商品として店売、もしくは各書店担当者のところにストックされていたりする。それらを称して「残」といっているわけで、これを確保するのも書店仕入れ担当の力量とされる。

こんな説明でいいのかな、中村さん。

中村 うん、それでいいと思うよ。

42　西武ブックセンターの取次対応

――　でもその仕入れ方法はすばらしい。さすがに新興書店としての西武ブックセンターの立ち上がり時の苦労も反映されているとわかるけど、それができるのは特別な都市の書店だけであって、地方書店の場合はとても考えられない。

中村　戦略としてはある程度取引先を競合させながら、正攻法は正攻法でやり、裏は裏で使い、それなりのプレッシャーはプレッシャーと意識させてかけるというもので、それもトータルにグランドデザインを描けば正攻法になってしまう。正攻法というのは相手がそれを呑むための大義名分なんだし、大義名分をつくってやらないとOKにならない。相手が引くための理由づくりが必要なんだ。

――　でもそこまでマヌーバーを駆使する書店の仕入れというのもあまり聞いたことがないから、百貨店経由で鍛えられたんだと推測しますが。

でもそれも例えば地方の場合、東販と日販の両方は使えないよ。取次系列がはっきりわかれているから。

中村　そう。だから地方の場合、それはできないし、仕入れは限定されてしまうので、大変だと思う。東京の一部の書店がすでに始めている地域連合体として書店群の再構築でもできれば、不可能ではなくなるかもしれないけど。

――筑摩書房の倒産時に取次に抜きにいく話じゃないけど、他の書店がメイン取次の日販ではなくて、東販の店売へいったりしたら、とんでもない問題になってしまうから。

中村　出版業界、特に取次と書店の場合は一部の大手出版社や大手取次店の意に沿うことをやるのがよい取次、よい書店という固定観念から抜け出せないものだから、このようなことはとんでもないことだと思ってしまう。でも私はそうではないと見なしていたし、実行してきた。取次とは指定日に金を払えば、あくまでイコールパートナーだと思ってきた。色々な取次口座を持っているわけだから、それらを使うのが当たり前で、別に不思議ではない。そのようにしないと、あなたのいう出版業界の上意下達的構造を変えられないとも思っていたから。

何かの会の時に質問されたことがある。「仕入の視点から大型書店と普通の店の大型化のちがいというか、基準はどこにあるのですか」というものだった。それに対しては、「大型書店はまず東販と日販の双方と取引し、さらにいくつかの専門取次の口座を持つもので、普通の店の大型化は特定の取次だけにたより、大きくなったもの」とその時は答えておきました。だからこの定義でいえば、東販だけでやっている千坪の店は大型書店と呼べないことになる。

―― それは戦略として丸善も紀伊國屋もこの店は東販、こちらは日販としてやってきているが、それは取引条件の調整とか、取次の力量の状況とかを見定める意味が先行していて、中村さんのいわれたように仕入れを基準にしたものではないと思われる。それに丸善や紀伊國屋だったら、そのような仕入れの苦労はすでにクリアーしていたはずだから。

中村 だから丸善でも紀伊國屋でも、本店などの一部の店舗を除くと、大型書店でもなくて普通の店を大きくしただけの、来た本を並べているだけの店なのかもしれない。何の意思も持たない大きな店舗はあるだけ迷惑なだけだ。つまり大型書店として立つのならそれらの取次の注文口座の使い方のバランスは、細心に調整しておくことが必要だ。そうしたことを通じて、大型書店なりの商品仕入れの多様性を保ち、書店の商業空間を維持していく、これが本の魅力をコアとする大型書店であって、そうでなくてやたらに大型化した最近の店は大型書店とはいえず、並べる面積が広い本の置き場にすぎない。

―― ということは品揃えは十分じゃないということですか。

43　出版社ではなく本で差別する

中村　はっきりいって継続するための仕入れができなければ、店舗の維持ができない。つまり取次の販売ブランチなのか、自主仕入れ小売り書店なのかという問題になるわけです。自主仕入れの小売り書店であるならば、取次からの配本を制度として受け止めながらでも、自らの意志で注文をすることによって仕入れをしなければならない。そうしない限り小売店としての姿に到達できない。それは配本に依存する取次の販売ブランチから本当の小売り店に脱却するということで、そうするには必然的に再販制、委託制の問題のすべてが邪魔になってくることになる。他業種の小売り店ではすべてが当たり前のことです。

――つまり他の小売り店ではすでに実践されてきた流通革命を書店は体験してきていない。

中村　そうなんです。だから書店というのはマーケット対応と創造のふたつの視点を持って顧客と向かい合わなければならないのに、販売価格の決定権も持っていないこともあり、取次や出版社にしか目が向いていない。

だから私はずっと言い続けてきた。「いいかい、書店は取次や出版社の販売代行者になっては駄目だ。ならなくてはいけないのは顧客の購入代行者になることだ。そうならないと、書店としては失格だし、客の立場に居続けることは最低限のモラルだよ」と。

――でも出版業界の中では大手出版社の企画販売に際して象徴されているように、取次と出版社のよりよき販売代行者が評判のいい書店だった。

中村 その通りだ。それもあるし、大型書店には出版社側の担当者がつく。担当者には受注ノルマがあって、何とか書店に取り入ろうとする。その書店側の担当者が評判のいい場合、多くはそこの出版社の本を多く仕入れてただ並べているからで、よく売っているというのは二の次なんだ。

だからこれもよくいった。「出版社からほめられたら、書店員としては恥だと思え。本では差をつけてもいいけど、出版社では差をつけるな」と。これは書店側が現状では新潮社や文藝春秋だったら崇め奉っておいて、論創社であれば見下しているという意味を含んでいる。ただ論創社の本がどうしようもないものであれば、それも仕方がないが。

――いいねえ、本で差別をつけるというのは名セリフですね。今や誰もそんなセリフを唱えるものはいなくなってしまった。

でも昔は出版社でも明らかな差別があって、実用書系は一段低く見られ、直販の永岡書店などは冗談で、「士農工商永岡書店」といわれていたくらいだった。

中村　そういう実用書出版社の時代も長かったね。同じ実用書でもそれなりに日の当たるＮＨＫ出版とか、ファッション関係の文化出版局などと異なり、永岡書店、高橋書店、日東書院、土屋書店、成美堂出版などは鼻で笑われていたようなところがあった。この頃は編集者が変わってベストセラーも出たりして、かつての印象とは大分異なってきた。これらの出版社の連中も思うところはあったんだろうね。

――　これはここ数年私がずっと調べているのだが、これらは赤本の流れを組む出版社で、近代出版史においてもずっと傍流扱いされてきたことに起因している。でもあらためて気づいたのは大手出版社は出版史における氷山の一角であって、本当に出版業界を支えていたのは水面下にあるこれらのマイナーな出版社の集積ではないかという事実です。エロ本とコミック、倶楽部雑誌や立川文庫、ふろくのおもちゃ、学参や児童書だって、その起源は赤本業界に求められますから。

それに加えて、正味が安いこと、スリップ報償金の問題もまずはそこにあるような気もする。これも長くなってしまうので、ここで止めますけど。

44　正味問題と配本

中村　実用書出版社は別会社名で貸本漫画の出版などを盛んにやっていたからね。土屋書店は曙出版とか、高橋書店は高和堂とか、いくつもの別の顔を持っていた。

――　私の見るところではトランプや花札のメーカーも加わっていたし、今はときめく任天堂だって昔は赤本業界の一員だったと見なせないこともない。こちらの出版史の分野は奥が深い。

それはともかく正味の話が出たついでに、取次と大型書店の正味問題も聞きたいと思うけど、これは中村さんから聞くのは差し障りがあると判断しているのでパスします。

さっき取次の配本のことが出ましたが、それを話してくれませんか。学参のことは大体わかりましたから。それこそ西武ブックセンターが新興書店として始まり、大型書店化していく過程によってどのように変化していったのかもとても興味深いと思われるからです。

中村　まずこれをいっておかなければならないんだけど、西武ブックセンターとしては新興書店だが、百貨店の自営部門としての書籍売場は東販がメイン取引だったが、すでにあって、それなりの歴史もあったし、児童書の分野では担当だった前沢氏とともに、それなりの評価はされていた。それでもテナントとして有隣堂でほとんど決まっていたから、自営で運営することになっても、日販の特販部扱いの取引のかたちになっていた。だから全くの新規書店として始まったわけではないし、でも一般的な新規書店の開店パターンに当てはめるわけにはいかない。

当時の日販は基本的なパターン配本に加え、特販店に対して、書き飛ばし配本というものをやっていた。毎日手書きの謄写版印刷のリストで、そこに主な新刊の書名、出版社名、価格が印刷されていて、そこに初回の注文部数を書きこんでいた。そのリストには大手出版社で講談社や小学館はあったが、新潮社や文藝春秋はなかった。その頃からこの二社は配本の主導権を取次には渡していなかった。

だから通常のパターン配本はかなりランクを落としておいて、その書き飛ばし配本に重点を置いていた。それで毎日入荷から四十日で売り切る部数を目安に注文するかたちでやっていた。その結果、返品率が二五％を超えることはあり得なかった。入荷では補充注文品がほとんどであり、大型書店の新刊の売上占有率は一割もないわけだから、全部返したところでそれほど高くならない。だから、小さな書店の返品率とは比べても意味がない。ただ新刊をどの時点まで新刊と呼ぶのかは非常に難しいけれど、入荷した新刊が一ヵ月以内に売れる比率は大型書店の場合、総冊数でせいぜい三〇%だ。七割は月をまたぐにしても、占有が一割もないから大した返品率にはならない。それに返品率を低くすることは書店にとっては基本的に何のメリットもない。返品コストが増えるぐらいはあっても下げる必要など仕組みとしてないんだ。全部返品可能ということでマージン体系が決まっているんだから。

―― これは今泉氏とも話したんだけれども、新規や後発書店の場合、どうしても新潮社や文藝春秋の新刊配本、及び文庫の配本ランクの問題はとても難しいし、仲々数を確保できない。改定は年に一回ぐらいしかないから、色々と手を回しても反映されていくのは一年も二年もかかってしまう。

中村 だから当初はリブロのどの店も冷飯を食わされていた。それでこの二社を含む文庫出版社とは少しずつ交渉していくことになる。たとえば角川書店とは昔の富士見の本社の前に何とかという旅館があって、そこで毎年リブロ全店のランク交渉をしていた。

―― 富士見荘じゃなかったかな。

中村　そうだ、富士見荘だ。角川書店は年一回文庫の書店配本ランクを実態に合わせて変更する。だからその時期にかならず出かけていった。当時のリブロの全店のランク評価を向こうが出してきて、こちらもそれに対応する資料を提出し、突き合わせをやった上で調整する。「この店は現在AだけどBに、その代わりにあの店はCをBに上げてくれ」といった調整で、今では当り前のこんな交渉を実施していたのは当時はリブロだけだった。

もちろん初回入荷部数の問題は出版社の建前もあったけれども、全店におけるトータル部数を出す。例えば、一万部以上だとSランクになるが、これだとそのランクに入る店が少ないので、五千部以上のAランクにする。そうすると店舗数で割って調整すれば、Aランクに充たない店も含めて、全店に配本がゆきわたる。これをネクスト調整と称していた。特に池袋店の場合、文庫の追加分は取次の調整残で、数日後にはある程度の部数が入荷できた。他の店は初回配本でも間に合ってるところもあったので、池袋はその分も含め、追加はとり放題といってもよかった。

例えば、池袋に入ってくる初回部数はわずか三〇部とする。通常の池袋店のランクであれば、百五十部は入ってくる。どうしてそうなるかといえば、百二十部を他の店に回しているからです。でも池袋店は数日で追加が入るわけだから、他店に初回分を渡してしまってもまったく問題はない。ただ文庫担当者は売れた場合に備え、初回配本でできるだけ部数を確保したいので、文句をいうわけです。これは安全在庫と称していた。だからいつもいっていた。「この店でだけ売ったって、給料は上がらないよ」と。

――つまりチェーンオペレーションを導入していた。

中村　そう、これがチェーンメリットを生かすチェーンオペレーションだ。その頃それをやっているところはリブロ以外になかった。今はみんなやるようになったけど。

――これは八〇年代特有の現象だったのだが、郊外店隆盛の時代を迎え、逆に商店街の書店が低迷していくことになった。するとそれまでの配本ランクの問題が大きく浮上してきた。もちろん郊外店にも老舗系と新興系があったわけなんだけれども、古い商店街の書店よりも郊外店のほうが売れ行きがよくなってしまった。そればかりか、八〇年代はコバルト文庫なんかがものすごく売れて、文庫は活況を呈していた。だからここら辺で、高度成長時代から保たれ続けてきた配本パターンが変化というか、郊外店、それも新興書店グループへとシフトしていったんじゃないかと思われる。それで九〇年代に入ると、新興のＴＳＵＴＡＹＡなどにも大手出版社の新刊や文庫が平積みされているのが普通の光景になった。そのような現象はリブロの話からもわかるように、以前には考えられないものだった。

中村　あれは取次の「残」の問題というよりも、出版社の保留分が多くなった現われだと思う。潮流の変化に出版社自身も対応を余技なくされていった結果だね。取次はこれまでの書店へのサポートでは資金的な面だけだったが、レンタルを兼ねた複合店が主流になっていく過程で、取次自身が単なる卸売業者から、通販事業者へと変化脱皮していく過程で、金融筋も含め政治的なものとの様々なつながりが生じ、それらのところに優先的に回されるようになったと見ていいんじゃないか。

例えばその頃の日販だったら特販部の中にそういった力を持った人が何人もいて、特販総括といったセクションがかなりの部数を常に押さえていた。そこがチェーン店を展開して成長していく過程で面倒を見ていたし、売筋新刊を回していた。大ベストセラーの確保は難しいけど、そこそこ売れるものを押さえることの目端がきけば、それなりに可能だった。仮にそれらのおいしい本を百点でも常に確保しておけば、担当先の店の売上に貢献できる。

それはかつて出版社の営業の人たちが担っていた役割だったが、それを大手取次の特販部が大がかりに引き受けることで、八〇年代以後の新興書店グループの躍進と成長があったことは間違いない。しかしそれ以降なぜかしら大手取次店は二社ともこの部分を意図的に消し去っていったね。

45　出版社倉庫への仕入れ

――特にリブロは筑摩書房などとはそういう付き合いをしていたし、それが出版社の倉庫まで出かけていっての仕入れにつながっている。

中村　筑摩書房だけでなく、人文・社会科学系の出版社との付き合いはそういうものだった。

――人文系の出版社はそれなりに融通が利いたということになるのか。

中村　当時は人文系の出版社の本を積極的に売っていこうとする書店はこれという数店舗を除くと少なかったから、当然のことながら関係は密接になる。そうなると融通を利かせるというよりも、人文系の本を売る書店のためには、絶えず売れている本を営業担当者は確保しておく必要がでてくる。言葉を代えれば、うるさくいうからすぐに送ることができる態勢になっていた。

――それと今みたいに管理体制が厳しくなかったから、営業部の人たちは自分のロッカーに売れ筋の新刊を隠しておいたりできたし、それが当然のように許されてもいた。

中村　今だったら窃盗になってしまうよ。当時は在庫管理も厳密ではなかったから、出版社によっては営業部が店売倉庫のような機能も果たしていた。

今泉氏がいっていた例の版元の倉庫にある品切・絶版本のことなんだが、実はあれは私が始めたんだ。最初は新潮社で、以後平凡社と筑摩書房と続いたと思う。まだコンピュータ管理の時ではなく、在庫データにはモノがないとなっているにもかかわらず、実際にはあることがよくあった。それを倉庫から送ってもらって売ったのが始まりだった。版元は雑収入で入金計上していた。

角川文庫の返品倉庫にも抜きにいったことがあって、目録にはすでに掲載されていない絶版や品切本、在庫僅少本が文字どおり山のように積まれていた。講談社はできなかったが、倉庫は見せてもらった。そういうふうに動いていると、出版社のほうから年度末の断裁リストを持ってきたり、こんなモノが出てきたとか、いってくるようになった。

――私はコミックの強い書店から、秋田書店の倉庫で眠っていた白土三平の全集を何十セットか売った話を聞いた。

中村　出版社の倉庫に仕入れにいくのは本当に面白かった。だってこれもよく考えれば、普段手に入らないものの路線に属するわけだ。店に持ってきて、絶版本を出版社の倉庫から見つけてきたというキャッチコピーでもそえれば、たちまち売れ切れてしまうから、一時は吉原氏も含め数人が毎週倉庫回りをやっていた。安く売ることも考えたが、出版社がかなりの拒否反応を示したことがあって、今はまあいいかと思ったことを記憶している。

当初は木曜と日曜が休みだったので、木曜日にはもっぱら出版社の倉庫回りだった。休みをつぶしてでも面白かった。

――じゃあ、目ぼしい出版社の倉庫はほとんど回ったことになるのかな。

中村　ほとんど回ったね。それも営業も兼ねて。当時は出版社の中に倉庫があるところもあったし、社内には出版社用原本保管室もあり、かなり原本も見せてもらった。あるところでは原本が五冊ずつあり、すごい量だった。だからこれを三冊ずつにする気はないかと問いかけた。絶版の原本を二冊ずつ仕入れてくれれば、もちろん旧定価のままだし、飛ぶように売れるのはわかっていたから。

――早川書房にもいったのかしら。

中村　いったよ、当時は戸田のボートコースのそばに倉庫があった。

――どうなっていた、ポケミスなんか。あの在庫はさぞかし壮観だったろうね。

中村 ワンタイトルずつひとつの木箱に入っていて、それが天井までマス目に積まれていて、本当に壮観だった。ところがその木箱を倒れないようにするために間に一冊だけ本が挟まれていて、それが貴重なＳＦシリーズの本だったりするんだ。それで多少痛んでいても、仕入れてくる。それらのポケミスのフェアもやったけど、一番面白いのはポケミスの棚の中に混ぜておくことなんだ。お客さんの「あった！」といううれしそうな声を何度も聞いたことがあるから。

――それは面白いし、究極の読者サービスだね。その他にも出版社の倉庫回りをして、ついでにベストセラーを持たされたことがあったと聞いていますけど。

中村 それは新潮社の小林秀雄の『本居宣長』だ。当時倉庫管理部長のＹ氏が気をきかせてくれて、持たせてくれた。六十冊も。あれは当時売れていて、どこの店でも品薄だった。だからあの重い本を苦労して持って帰ってきた。まだ宅配便の時代じゃなかったからね。

――あんな重い本を六十冊もどうやって持ってきたのか、それを聞きたいね。

中村 倉庫回りの時は取次回しにすると時間がかかってしまうから、伝票だけ回してもらい、本のほうは持って帰るようにしていた。そうすれば、次の日に店で売ることができるしね。だからリュックと布袋はいつも携えていたから、それらに入れて運んできたわけだが、あの箱入り菊判の本だから、さすがに重かった。このことを踏まえてそれ以降、これは裏技だが出版社から取次経由で現物を送る時、もっとも早い方法を発見した。それは……これは言わないほうがいいのかな。

でもよく出してくれたと思うよ。ほかの書店の耳に入れば、「何でリブロに六十冊も渡して、こっちには入ってこないんだ」ということになる。そこで大義名分をたてねばならない。わざわざリブロさんがおいでになって、その時にたまたま在庫があったので渡したということにすれば、それで言い訳が立つ。倉庫回りをして、そういうかたちで出版社の物流管理部門の人たちや倉庫会社の人たちの現場の方々とお会いし、その後も引き続きおつきあいをした人は何人もいた。これもやはり大きな財産だったと思う。そしてそれが日常の様々な仕入れにも反映されていた。倉庫に直接電話注文することも含めてね。

46　売ろうとしたものが売れた不思議な時代

――ベストセラーだけでなく、売れ筋商品の新刊の仕入れは書店にとって常に切実な問題だから、潤沢にあるにこしたことはない。日常の販売活動はもちろんのこと、フェアや倉庫回りといったリブロならではの努力によって、自ずと独自の調達力が養われていったんだと思うよ。それは八〇年代のリブロの商品構成を見ても、他とは抜きんでて差異化され、それが一目瞭然だった。

中村　それはひとつには不思議な時代だったこともある。売ろうとしたものがほんとうに売れたし、お客さんも応えてくれた。

この本であれば、リブロで買ってやろうというような店に対するファンの開拓、いわゆる店のステイタスづくりを意識してやってきたので、お客さんが付いてきたということかもしれない。

そうなってくると、店のほうからもマーケットが見え、お客さんの顔も見えてきて、当然ながら狙ったモノが売れるようになってくる。

――その象徴的な本が『ゲーデル、エッシャー、バッハ』や『アンチ・オイディプス』だったんだろうね。

中村　書名が出たからいうけど、『ゲーデル、エッシャー、バッハ』は池袋だけで三百部、全店合わせれば、初回分として千五百部以上取ったんじゃないかな。白楊社の社長が飛んできて、確か刷り部数の二、三割をリブロが取ってくれたといってたから。

ただそうした本のタイトルの全てが売れるわけではないので、仕掛ける本については大胆なようで細心でもあり、商品選択については人文系だけに限らず、データに加えて、時代の流れをみるというか勘も働かせていた。そういう点でいえば、朝日新聞社の『世界歴史地図』などは時代を視るには面白いと思ったし、値段は高くはあったけど、よく売った本だった。

——それは上に「朝日＝タイムズ」がついているやつでしょう。あれは当時とすれば、かなり画期的な地図で、私は今でも使っていますよ。

中村　その時代のコアとなる本を常に捜していた。それにブックフェアとの絡みにもなるが、品切本をフェア用に重版することもかなり頼んでいた。それで三千部重版するといわれれば、五百部は取るから、重版で三百部上積みしてほしいと頼んでいた。

ここら辺の対応について、今泉氏とやり合ったことがある。それは前に話した文庫の時もそうだけど、彼は自分の店が一番大事だから、ほかの店への配慮は無用だと思っていたんだろう。でも私の場合、池袋店もそうだけれども、リブロの他の店はもちろん、それから池袋の他の書店にも行き渡ったほうがいいと考えていた。そうすることによって、池袋全体の書店、リブロの他の店にもある程度のお客さんがつくことを願っていたからだ。おそらく意識的ではなかったけれど、将来的には書店に限らず商空間が街と街の競合になると思っていたからだと思う。

その考え方はジュンク堂に移った時、「池袋・本のまち」という池袋の書店を全部紹介したカタログを作ったことに表われていると思う。

――でも書店の現場がリブロだけでなく、切磋琢磨して本を売ろうとした時代はいつ終わってしまったんだろうね。この間中堅の人文書出版社の営業の人から聞いたんだけど、新刊案内のそれぞれの希望入荷部数も書かないで、適当に一、二冊見本用に入れて下さいと記されて、注文用紙が戻ってくるようになっているらしい。まともな注文部数を書き入れてくる書店は本当に少数になっているようなんだ。信じられないような気もするが、そういう時代になってしまっている。こうなるとマーケット創造はもちろんだが、マーケット対応も大丈夫なのかなという気にもさせられる。取次がマーケット対応型配本をして、それを並べているだけという印象を受ける書店も実際に増えているし、そうでないところを探すほうが今では難しいかもしれない。

中村 だから新刊案内に対して、発注をしなければいけない書店は常備店か特約店、もしくはそれに準ずる書店なんだから、能動的に注文をすることで、売りにもシビアになって、結果として返品率が二、三割にとどまっているのであれば、まだ新刊配本という制度も意味はあるかもしれない。でももはやそんな状況はとっくに消滅してしまって、実際にはそんなありさまの受注状況だし、返品率だって、五割どころではない状況になっている。だから委託配本を止めて、全て注文扱いとして出し正味も下げて、全部注文制にしてしまったほうがよほどいい。新刊配本はあくまで見本で一部。返品ＯＫで八掛とかでいい。それに時限再販を制度として加えれば、再販制を廃止するまで一気にいかなくても、かなり変わるはずだ。

――でも書籍も深刻だけど、雑誌の返品率も書籍と変わらなくなっているし、特にムックは実質的にとんでもない高返品率になっている。この数年は公表で四六％だから、これだけ見ても、半分は返品になっている。それでいて点数は増え、何年かすれば一万点を超えてしまう。

中村　あれは取次にとってはものすごくおいしいものなんだと思う。通販カタログ系のムックの例では、セゾンで刊行が計画されて、その事前調査で取次とのいわゆる窓口交渉をやらされたことがあった。あの時は実態を知ってびっくりしてしまった。そうか、こうなっているのかと初めて知ったからだ。通販カタログの場合、出版社側では実質的に販売金額は一円も取らない。つまり六掛けで出すかたちになっていても、その出版社側の実売分の売上高は全部取次に販売報奨というかたちで還元されていた。さすがにセゾンではその企画はやめたけど、他のムックでもキックバック方式が定着しているといわれていた。

―― そうか、それでわかった。ここ数年風俗系のムック、それも明らかに店のカタログみたいなものが多く出されるようになってきていて、書店によってはそうしたものが一画を占めている。どうしてこのようなものが大量に取次を通して流通するようになったのか、本当に不思議に思っていた。だってかつてはその種の雑誌の流通に対して、それこそ取次の窓口規制もあり、ここまで流通させることはできなかったと考えるしかなかったから。これらもその通販カタログみたいな正味構造になっているんだろうな。

それにＤＶＤが付録についているムックなんかも普通のものよりずっと低い正味体系が導入されているはずだ。またコンビニ向けのコミック廉価軽装版もそうかもしれないな。

中村 そうかもしれない。出版社側からすれば、新規取引に出版社の書籍の出し正味の実質はカバープライスの六掛以下になっているように、雑誌もどんどん出し正味が下がっている。しかも色んな裏技を使っているんだろうね。通販カタログの場合だと、出版社からの卸価格○円でやると贈与になってしまうから、とりあえずの正味を決め、実売分もキックバックにするかたちを取った。そうすれば、搬入数よりも実売数が少ないから、それで通ってしまうんだろう。

47 鈴木書店の話

――前に話した老舗書店から新興書店グループへの移行、出版社における実質正味の低い文庫や新書の創刊、雑誌におけるムックなどの正味の切り下げと様々なキックバックの導入によって、これだけ出版物売上が減少したにもかかわらず、取次の利益率が上がってきているわけだ。

ここで取次のことに話が及びましたから、私たちにとって外すことのできない鈴木書店の問題と倒産のことにふれてもらえませんか。実はこれまでずっと伏せられていたけれど、一時は中村さんが鈴木書店の再建を担うかもしれない立場にいたとも仄聞していますので。

そもそもリブロで鈴木書店の口座を開いたのは中村さんだから、そこら辺の事情から始めてもらえませんか。

中村　前にも大型書店の存在の必然性として取次の多様性について話したけれど、リブロは人文書を前面に出していたから、人文専門取次の鈴木書店との取引はどうしても必要だった。関西圏では同様に柳原書店との取引が必要だった。これは今泉氏もいっていたように、日販と鈴木書店の入荷状況を比べると、土日を挟んだりすると入荷が日販は五日ぐらい遅れてしまうから。売場の判断としては在庫切れの期間をなるべく少なくすることに気持ちが集中してしまう。その固執する気持ちはよくわかるし、それが鈴木書店との取引によってかなり解消されることも充分に自覚してた。

本来、私の立場からすれば、売場をバックアップする環境づくりをしなければならない。そこで鈴木書店との取引交渉を始めた。その後、関西以西では鈴木では運賃の負担がかかりすぎるので柳原書店との取引を考えていた。鈴木書店との最初の取引正味は七七掛けで、結構高かった。でもある程度の取引金額になったら、当然下げてくれと釘を差しておいて、取引を開始した。出版社帖合を決めるときでもまた鈴木書店にとって利益が上がるもの、つまり出し正味の低い出版社を帖合として入れたりして負担がかからないように調整していた。

出し正味が高く、鈴木書店の利益が上がらない有斐閣や東大出版会の本は意識的に帖合出版社には指定しなかった。どうしても日販から入らなければ、鈴木書店から取ってもいいが、それはあくまでイレギュラーにしてくれと売場にもいっておいた。そうしないと鈴木書店にしてみれば、逆ザヤもしくは逆ザヤに近い状態になってしまうからだ。そのことを説明したのだけど、売場はよく理解できず、早く確実に取れるからいいじゃないかと思っていたはずだ。

——書店現場からすれば、そのとおりだよね。まして自分のところが痛むわけではなく、鈴木書店が損をかぶるわけだから。

中村 そうなんだ。でももっとも懸念したのは、そのような線を引かないと、鈴木書店の営業担当者がかなり熱心で在庫も把握しているものだから、売場がものすごく怠惰になってしまうことだった。恐れたのは鈴木書店と取引することで、売場が楽に走ってしまうことだった。

——鈴木書店の常備店売在庫がインプットされてしまえば、すぐにこの出版社のあの本は午前に頼めば、その日の午後に入荷すると、売場でもわかってくるから、確かにそういう線を引かないと鈴木書店に集中してしまう。

中村　それもあるし、歴代の鈴木書店の営業の担当者が優秀だったから、売場の在庫切れを見て、鈴木の店売や倉庫在庫にあったなと思うと、まだ発注されていなくても、すぐに持ってきてくれていた。当然のことながら、売場にしてみれば、ロングセラー必備品のことが多いので、「これはいるかしら」といわれたら、「いる、いる」ということになってしまう。

――営業から見れば、とりあえず逆ザヤであろうと売上にはなるからね。彼らとはリブロで何度か会ったな。

中村　だから彼らはよく動くし有り難い存在だと思っていたし、営業努力も売場のためになるとは思っていた。でも社全体をみる立場からすると、売場がよほど困らない限り、取引倫理、ルールだけは守ってほしかった。私はそれが一番大事だと考えていたからだ。どうしてもない時はしょうがないが、日販から取れる時は取ってくれよと。

――それがあなたの倫理だったわけだよね。でも今泉氏や売場のほうには仲々わかってもらえなかった。

中村　そうなんだ。でもそうしないと池袋だけの問題ではなくて、他への影響が出てくる。こちらは全体を考えながらやっているわけだけど、どこかに出店する場合は発注手法や東販・日販の対応にその影響がすぐ出ているとわかる。取引先への締め日と支払い日はリブロの基準でやっていた。それを見ていると、鈴木書店からの入荷状況がわかり、急激に支払い金額も増えていっている。その数字からして、ルールをはみ出し、帖合外のものもとっているとわかる。しばらくは好きなようにやらせておくが、これ以上増えるようであれば、少し注意しなければいけないと思っていた。そのくらい鈴木書店との取引には注意を払っていた。

―― 鈴木書店の場合、専門取次であるだけに営業の人たちも本と出版社に通じ、注文品の補充スピードで東販や日販と比べるほどがないほどの最速だったし、書店現場にしてみれば、これほど使い勝手のいい取次はないわけだから。

中村 麻薬みたいなものだね。一度お願いすると、売場担当者は他の取次に回せなくなる。

―― 三省堂の場合、鈴木書店の営業が売場にはりついて、社員以上の働きをしていたという有名な話があるくらいだ。それなのに最後には正味の問題で切られてしまったし、それは大学生協でも同様だ。

中村 リブロの場合、私がいた間はそこまでいっていなかったけれど、退社した後まもなく取引をしぼられていって最後は停止してしまった。だからジュンク堂で取引を始めたくらいだった。そんな状態は長い目で見たら決していいことではないので、まずは書店の自立について口酸っぱく言っていた。やはり楽して売場運営ができれば、どうしてもそちらの傾向に流れてしまうしね。

それからそうした鈴木書店の面倒見のよさは果たして彼ら自身の取次経営に寄与していたのかという問題もある。これは初めて話すことだが、リブロの最後の頃、福岡に出店する件を担当していた。その後天神戦争とかいわれたが、わずかな期間だったがリブロ、紀伊國屋、八重洲ブックセンターの三店が揃っていた。これらの三店はいつでも鈴木書店と取引ができたわけだから、三店共同して鈴木書店を専門取次として口座を開けば、九州大学生協の物流コストの赤字を補填できるのではないかと考え、三店とも取引を始めるという合意に至った。そこで鈴木書店に話を持ちこんだ。そうしたら九大生協単独では赤字なのを承知しているのに、九大生協に遠慮してしまって、この話が流れてしまった。この時私は鈴木書店というのは経営をしていないとしみじみ思った。

それでは経営というよりも大福帳レベルでしかないわけだ。九大生協と合わせて四店の取引先ができれば、取引金額と物流の量が一気に上がり、確実にコストは下がる。九大生協にしてみれば、競合相手が同じ取次であることは困るといったにしても、それは取引の安易な独占的自己都合だけだから、鈴木書店はそれに合わせなくてもよかったし、自分のところの経営的視点から考えるべきだった。

――大学生協から切られた後でも、九大だけは残っていたので、それで遠慮したんだろうな。

でもそれだけでなく、鈴木書店はいくつものチャンスや体制を建て直すきっかけを逃がしているんだよね。TRCが立ち上がりの頃、人文・社会科学書の入荷が他の取次ではあまりに時間がかかるので、鈴木書店に口座を開いてくれないかとオファーしてきた。ところが当時のTRCは売上もそれほどなかったし、鈴木書店の組合問題も絡んでいたようで、それを断わってしまったという。

その時それを受けて、TRCの専門取次になる方向性を選択していれば、後の展開はまったく異なっていたと思う。これは絵に描いた餅かもしれないが、TRCは今やCHIグループの一員になったのだから、鈴木書店だってTRCとともにそのグループの一端を取次として担う可能性があったのではないか。

中村 私はそこまでは思わないけど、やはり経営の問題がわかっていなかったことに尽きる。だから建て直すチャンスがあった時、あるいは様々なメリットのある提案がなされた時、社内の受け皿づくりのための体制変革や意思統一をきちんとできなかった。それと創業者で会長の鈴木真一さんを説得できる役員がいなかった。鈴木真一さんの立場は新しい取引先よりも、これまでお世話になったところのほうが大事だというのがひとつの思想にまでなっていたから、鈴木書店の幹部社員もそれに対してはとても意見がいえなかった。鈴木真一さんはいい人だけど、やっぱりそこが限界だった。だからそこが鈴木書店の限界でもあったということになる。

―― それは社員からも何度も聞いたな。中村さんは大福帳といったけど、彼らからは会長は浪花節だからと。これは決して悪口ではなくて、情に厚く流されてしまうことをいってたんだろうけど。

私の論理でいえば、ずっと神田村で生きてきたわけだから、いきなり郊外消費社会の原理を導入しろといってもまず無理だったんだろうね。

ただ高正味問題に関していえば、鈴木書店は老舗出版社の東販や日販に対する当て馬として利用された感も強い。

中村 その面もかなりあって、人文会の加盟出版社などは皆この件については発言できないと思う。現場改善努力を示した上で、経営、労務、流通、出版や生協・書店との取引条件のすべてにわたって見直しを前提に検討し、それぞれの社ときちんと交渉すべきだったと思う。ところがそうしたことを一切抜きにして、いつまでたっても人を介在させるだけで、話を煮つめることをせず、そのかたわらでどんどんコストアップと収入ダウンが進んでいくという状況から抜けられなかった。かたわらで見ているとイライラしたけれど、当事者たちが変わりたくないと態度で示していた。

48　鈴木書店の内情

――これは具体的な出版社正味と書店正味でいわないとわからないが、もう前世紀のことだから話してもかまわないんじゃないかな。

中村　鈴木書店の場合、雑誌、書籍とも当初は七七掛と話したけど、その後、それを七六掛まで下げてもらった。それに対して日販は書籍では一％は低くて、それに歩戻しがあるから、実質は七四掛強だったと思う。いずれも統一正味だ。でも、その一、二％のその数％の正味差が大学生協や三省堂から切られる原因になったわけだ。

――それに対して、出版社のほうはどうだったのか。私たちはほとんど六八掛だし、支払いの条件は少し異なっていても、大体そう見ていいと思う。

中村 岩波書店は分野で異なるが七一から七四掛、有斐閣や東大出版会が七三から七五掛といったところじゃないか。

――それなら有斐閣や東大出版会は売れば売るほど損ということになるのか。

中村 鈴木書店の定価に対する取得分比率は一、二%だから、人件費どころかガソリン代もまかなえない。例えば有斐閣の『小六法』一冊を注文品として、六八掛の出版社の本と一緒に一箱に入れ送るのであればまだしも、大型書店で千冊採用となったら、それを動かすだけで赤字になってしまう。

鈴木書店がおかしくなっていった過程で、岩波書店は代表取締役まで派遣したこともあって、正味を下げ、売上報奨としてのバックマージンまでも出したけど、有斐閣と東大出版会は文句だけいって、出し正味も変えず、バックマージンも出さなかった。今でも出版界の雀たちは岩波書店のことばかり批判するが、有斐閣や東大出版会などのほうがよほど批判の対象になっていいはずだ。また正味ではなく一部の出版物を取引をしなかったことで、鈴木書店を追い込んでしまった筑摩書房も後ろめたさを感じているはずだ。

―― 鈴木書店の組合の人も有斐閣が悪いとはっきりいっていた。それに東大出版会よりも有斐閣は売上が大きかったんでしょうね。

中村 もちろん取引金額がちがうし、年度版の『六法全書』周辺の出版物があるから、推して知るべしだ。

この二社だけではなく、鈴木書店の取扱の多い出版社の特殊品、及び教科書などの段別正味を見ていくと、九五掛という医学書以上の出し正味のものがかなり出てくる。医学書の高正味の問題は色々とあるにしても、医学書の世界はまったく特殊な分野だし、出版界とは異なる業界だから、高正味の言い分はいくらでもある。しかし鈴木書店と取引をしている老舗出版社の場合はいくら何でも、もう少し取次経営に歩み寄ることをしなければ、角を矯めて牛を殺すという結果になってしまう。これはそれこそ自明の理だった。

そういう鈴木書店の問題の構造を早いうちに理解していた。それだけ他の書店よりもリブロと鈴木書店の関係が深かったことになる。だから表面的なことだけ捉えて、そういう構造を把握せず、知ったかぶりをいっている連中は何もわかっていないと思っていた。

―― つまり中村さんは早くから鈴木書店の内情と問題に通じていて、そのことで鈴木書店の経営をというオファーが出されたわけですね。

中村 そう、だから二〇〇二年の四月から鈴木書店へいく予定にしていた。

――ということは〇一年十二月に鈴木書店は倒産しているから、変ないい方だけど、あと半年倒産が遅れれば、経営者に収まっていたことになる。

中村 経営者になるかどうかは別にして、取次を体験してみたいという思いはあった。ジュンク堂書店を辞める了解もとりつけていたし、在籍した時でも最後の数ヶ月は毎月の経営数値をみていた。いろいろ言ったがもう思い出しても詮ないことだ。そんなことで待機していたんだが、鈴木書店のほうが倒産してしまった。私にしてみれば、それが幸いしたことに結果としてはなるわけだが、何か口惜しい気持ちがないわけではない。

――これももう時効ですから、そこに至る事情と経緯を聞かせて下さい。

中村 これは何でそうなったかというと、それ以前に西武と岩波書店で五〇%ずつ出資して合弁会社がつくられていたことがあった。社名は何といったか、確かビデオテックスの会社です。会長が堤さんで、社長は岩波の岩崎勝海さんで役員で小川さんが入っていた。そこの社員がもちろん兼務出向だったけど、私と岩波の後藤勝治さんだった。そこで営業会議というのが毎月一回岩波書店であった。それをきっかけに岩波書店にしばしば出入りするようになり、鈴木書店の話を色々と聞かされて、こちらはリブロの側から見た鈴木書店についての意見を言ったりしていた。

つまり鈴木書店の危機が顕在化しつつあるかたわらで、岩波書店は出版社から、リブロは書店から見た鈴木書店の問題を話していたことになる。色々いわれたけど、鈴木書店に対して岩波書店が人も金も支援したのは他の出版社とちがって、このような事前の検討というか、根回しがあったからだと私は思っているし、それが私へのオファーにつながっていくのではないだろうか。

岩波書店の鈴木書店問題に関しては、ちょっと人名が同じでややこしいのですが、岩波書店の鈴木さんという人がその取引状況、決算数字などの分析をし、私もその相談に乗っていた。その鈴木さんはしばらく後で岩波書店を止めてしまうんですが、彼と一緒にその仕事をやっていたのが、後に鈴木書店の社長（から会長）となる坂口顯さんだった。だから鈴木書店の実情を外部の人間で、それなりにわかっていたのは坂口さんや鈴木さんと一部の岩波の人で、それ以外で小川さんや私だったことになる。そんなことがあったんです。

――なるほどね、その鈴木さんという人は知らないけど、水面下でそういう動きがあったのか。それで経緯と事情がよくわかった。つまり坂口さんの後を中村さんが引き受けるというストーリーになっていたが、色々あって倒産の事態に追いやられてしまったので、あなたにバトンタッチできなかったんだ。

でもこうやってずっと話を聞いていて不思議に思うのは、中村さんほど出版社に入りそうなきっかけと縁があったのに、ずっと書店にとどまったというのもめずらしいんじゃないですか。

だって最初は白水社、岩波書店、それに社名は挙げませんが、錚々たるいくつかの出版社からオファーがあったと聞いている。それなのに芳林堂、リブロ、ジュンク堂と書店人生を貫いたというのは見事なように思う。

中村　そうだね、あらためてそういわれると確かにそれはそうで、私もなぜか不思議な気がする。でも自分の気質を考えてみても、出版社に入っていた場合、出版社の仕事は編集にしても営業にしても、リブロなどの仕事に比べれば、ずっと動きが少ないと思うから、走り回ることが好きな自分には向いていなかったんじゃないかな。

ただ鈴木書店の場合は取次だから、もししばらく存続できていたら、それはそれでちがう生き方ができたかもしれないという思いはあるね。私の場合は今泉や田口の両氏とちがって、リブロの商品部、つまり最初に本部を作った時からそちらにいってしまったため、池袋店も含め、外の目で店を見たりしていて、特定の店に張りついていたことが比較的短かった。店舗デザインから店づくりのコンセプト、取引先選定まで総合的に新規出店に携わっていたから、取次的な全国的取引ネットワークみたいな構図が気持と重なって、小売企業による販売ネットワークとは違うかたちで、本の物流による全国展開をしてみたいと無意識に期待していたのかもしれない。

49　有楽町西武のこと

――各地方の出店を手がけ、様々なところでこれも多種多様な経験をし、つかしんの出店ではいうにいわれぬ苦労をしたことも伝えられていますが、それらはまた別の機会にうかがうことにして、昨年暮れに閉店した有楽町西武にも書籍売場はありましたよね。

中村　閉店するかなり前に撤退してます。開店はそれこそセゾン文化華やかなりし頃で、レセプションで人生最初で最後のタキシードを着たので、よく記憶に残っている。

二十坪くらいの売場で、多部田和枝さんという渋谷西武内の洋書店のカンカンポワにいた女性を店長にして徹底したセレクトショップにしたんだ。間接照明とダウンライトだけのフロアで、前にイッセイミヤケのショップがあるブランドファッションのフロアの真ん中にあった。

――オープン早々見にいったことがあって、本の選択も明らかにセレクトショップそのもので、具体的に何が置かれていたか、忘れてしまったけど、すごくとんがっていた印象が残っている。それとこの商品構成で売上はどうなんだろうという気になったことも記憶にある。

確か当時有楽町西武について、堤清二が西武グループの総力を結集し、情報発進機能を持ったまったく新しいタイプの百貨店で、感性劇場、マインドシアターだと位置づけていたのを聞いていたが、それこそ中村さんがいうマーケット対応でもマーケット創造でもなく、さりとて限定マーケットともいえないような書店を初めて見たように思った。

あれは八四年だったから、私のいう郊外消費社会が隆盛となり、物販だけでなく、様々なサービス産業もこぞって郊外店を出している時代だった。この時はまだ郊外消費社会の行方がどうなるのかはわからなかったけれど、この時代の郊外というのは新しい社会が台頭してくる奇妙なまでの生々しさがあった。

それに比べて有楽町西武ははるか遠くにあるサテライト基地のような感じで、時代と分裂しているのではないかという、地方からバブルの東京を見ての感想だけにとどまらない異和感を覚えました。

後で色んな本を読むと、この時期の西武百貨店がつかしん、筑波、有楽町と大型プロジェクトを推進していた時代で、常に新たなる想像と創造に向かっていた一コマの光景があの二十坪の書店の棚に投影されていたんでしょうが……。

中村 有楽町西武の頃は堤さんから直接指示を受けることがあり、その意向は店の商品構成や展開の仕方に反映されていたと思う。どうしてそうしたのかという理由は色々あったが、店売りだけでそれも単価の低い本という商材では骨董のような古書でも扱わない限り、経営的には成り立たない。とすれば、他の店のフェアの展開に応用可能な、とがったショップにするしかなかった。夜中の十二時からレセプションが開かれて、それを明け方まで続ける店舗だもの。本当にバブル華やかなりし頃のバブリーな光景だった。

50　コンコルディアという棚とリブロの時代の終わり

――それと私が思うのはつかしん、筑波、有楽町西武はバブル時代特有の実験的メリットもあり、それが池袋のリブロが下に降りた時に中村さんがデザインしたコンコルディアという棚に結びついていったんじゃないだろうかと。ひとつの棚にひとつの本の宇宙を集積し、そうでありながらも多面的な本の内容と性格を反映させ、様々な分野にも開かれ、つながっていくコンコルディアの棚へと。

中村 そこまでいわれるとくすぐったいけど、あれは今泉氏とのコラボレーションというこどもあるし、確かに考えとしては私の書店でのかたちの集大成というか、凝縮した究極の棚みたいなイメージでもありましたね。

でもそこまで至るには様々なプロセスがあって、それは芳林堂時代から始まっている。例えば当時でも今でもそうだけど、歴史の棚はフランスならフランス、中国なら中国と個別に並べられている。そうではなく、その個別性を解体し、日本史、東洋史、西洋史と連環し、交差する歴史年表的な棚をまず設けられないかと考えていた。

―― それは山田風太郎的発想だね。そのように歴史を見て、交差させていくと、夏目漱石のロンドン留学時にシャロック・ホームズが活躍していたりする。

中村 そういうこと、山田風太郎の一連の明治小説集のような棚だ。それは西武ブックセンター時代の歴史の棚で試みてみたんだが、時代区分をしていくと東洋史の本の量が足りなくて、日本史や西洋史の本と量的なバランスがものすごく悪い。そこで考えを中国史を中心にもってきて基本の視点を移動してみた。そこに歴史書だけではなく、文学、思想、美術分野の本などを総動員して並べてみた。普段は全集コーナーにある平凡社の東洋文庫の中国関連書もそこに全部集めてみると、すべてがつながり、その中国全体像の中から日本やヨーロッパにも線が引けるとわかる。例えば、東洋文庫の後藤末雄の『中国思想のフランス西漸』といった本をそこに置くと、それがきわ立つ。

この発想がひとつのポイントとなって、ジャンルに分類するということからキーワードで本を集めるという考え方に支点が移動していった。

——つまり書店の現場において、出版社の編集とは異なる書棚におけるエディトリアルというコンセプトが発見された。

中村 そう、本と本との組み合わせを時代の要請によって変えてゆく。その時点で組み合わせる言葉や考え方をキーワード、キータームと名づけていた。そうすることによって、新しい本の世界を浮き上がらせる。それをフェアという短い期間で終了するものではなくて、プロパーと呼ばれた通常の棚でやろうとした。店と棚のハードウェアに対して、そのようなソフトウェアとしての組み合わせの違った本の集積を中身として組みこむ、そして関係性を見せながら時とともに動かしてゆく。今は当たり前のハードとソフトの考え方だけど、当時とすれば、そんなことを考えていたのはほんとに少数だった。
その対極としての多面積みも私が初めて遊びとして試みたものだが、あれはどの場所に積んだものが一番売れるのか、またそれは十六面なのか、二十五面なのか、そのどちらが効果があるのかという人間の行動動態の研究みたいになってしまって、本の力の問題ではなくなってしまうとわかった。だから、衝動買い向きの本にはものすごく効果があった。
つまりこれは本を売るという面白味の追求ではない。やはり面白いのは本が本来もっている多面性なんです。例えばエンデの『モモ』や『はてしない物語』は季節によって入れる場所と棚を変えてみた。四、五月は教育書の場所、これはシュタイナー教育絡みで、ここが一番売れる。もちろん夏と暮れは児童書、それ以外は海外文学と文芸書のコーナーといった具合に置き方を変えてみる。本が本来もっている多面性がどんどん吸着していくという感じだった。

——優れた本で、それなりに売れている本はどの分野においても売れるという書店での物語の追求となる。

中村 それもあるけれど、やはり本質的には本の多面性の追求だね。ひとつのアプローチからその本の収容する分野を何々と決めつけるのは危険だとする考えだ。だからそれを季節や時代によって組み合わせを何通りも考えることが必要だ。その常設の棚としてのコンコルディアの考えが出てきた。つまりその棚のテーマは入れ換えをすることで変わっていくんだが、そこに組み合わされた本は縦横ばかりでなく、立体的に三次元的に機能していく。

それには本をかためて置くだけでは駄目だ。本の大きさもデザインも色も全部異なるわけだから、それらの本の集合体をかたまりで展開できる見せ方、並べ方が読者に対してひとつのプレゼンテーションになるかたちの空間としての棚がコンコルディア調和しつつ、一致していくという考えだった。それが私なりの書店における集積であり、実験だったと思う。

しかしもうその時にはリブロの時代も終わりを迎えようとしていた。二〇〇九年が小川さんの十三回忌だった。九六年に小川さんが亡くなり、今泉氏が煥乎堂に移り、私と田口さんがジュンク堂に移り、めぐりめぐってリブロは日販に買収され、そこで完全にリブロの時代は終わった。それを機にして、コンコルディアの棚も廃棄処分されてしまって、リブロも普通の大きな書店になることで生き残るという選択をしたようだし、本当にあの時代のあの空間はうたかたのように消えてしまった。

そして私はもはや引退してしまったけれど、出版危機の中での書店の荒廃した現状だけが何も手をつけられずに取り残されている。リブロに関してはいえないこともたくさんあるし、バブルだったからと批判されてもかまわないが、本当に不思議な時代でもあったし、あのような書店の時代は再び出現することがないような気がする。だからこれは私だけの勝手な思いかもしれないが、かけ替えのない時代を生きたような気がしている。

――いや、ずっと話をうかがって、それは紛れもない事実でしょう。ある意味において、中村さんのような書店人生を送った人は稀でしょうし、このようにインタビューできて、とてもよかったとあらためて思っています。

本来の予定ではそのリブロに多く集まった人々の名前を多く散りばめた群像ドラマとも考えていたのですが、めまぐるしい出店とリクルート人材の配置の複雑さなどが絡み、それは実現できませんでした。また聞けずに終わったことも多くあります。これらは中村さんの資料と記録収集が果たせれば、ぜひ中村さん自身で書いてほしいと願っています。この拙いインタビューを機にして、そのような試みに歩んでいかれることを期待し、ここで終えることにします。

中村さん、長時間有難うございました。

あとがき

この本は当初、小田光雄氏との対談集の予定でした。それがこのようなものになったのは、ひとえに彼の聞き取り能力に感服し、文章構成力に脱帽したからです。インタビュー形式のものは雑誌でならまだしも、書籍ではもう受けないと決めていました。それはその手の本の内容が意に添わず、誤解されたためですが、これまで彼が纏めてくれたものをみせてもらった結果、こんなかたちに最後は押し切られてしまいました。

また、あちこちに書いたり、喋ったりしてきたものを刊行したいといってきた出版社もありましたが、これまで全てお断りしてきました。そのわけは裏がわの仕事を主にやってきた身としては、最後まで黙していることが筋を通すことだと思っていたからです。それがこんなかたちになって、誠に申し訳ないと思っています。

本を取り巻く環境はますます悪くなってきて、特に流通の現場は先の見えない閉塞感に支配されています。打開する手法が見つからずに、いたずらに時間ばかりが過ぎてゆく。こんな時だから、ちょっとした手がかりでも検討さらに実行しなければならないのに、何故かしら出版界に携わる人の多くは、既成の流れにしがみついていて、状況を他人事のように横目で見ているだけです。とにかく変わることが嫌いな人が多い。利権の恩恵など受けていないのに、これまで通りを死守している。風は吹いているのに、首をすくめる人たちばかりです。

澱んだこの業界でとくに影響を受け、逼迫しているのが書店で、このまま座していては消えゆくのを待つばかりです。取次店を通ってきた出版物をただ並べていただけの書店の多くは、すでにそのほとんどが消えてしまいました。だから今残っているのは、何らかの工夫をしてきた書店ですが、それも持ち堪えてきた体力がそろそろ失われつつあります。

先を語るにはこれまでを知るところから始まる、といわれています。過去の事象を偉そうに語ってしまったことに恥じ入るばかりですが、何かのヒントにでもなればと、これまでやってきたことを、気の付いたところから喋ってしまうことにしました。

小田氏の力量でリブロについては、他に出版物があるのにもかかわらず、語らなくともいいところまで語らされてしまいました。しかしこのように纏まってみると、まだ語り尽くせなかった人や事柄がいろいろあります。

と同時に、芳林堂書店時代のことは記憶から消えてしまう前に、引き出してもらってよかったと感謝しています。本の一冊一冊が自分の言葉を持って主張していた時代というのは、もう二度と来ないでしょうし、そんな空気の真ん中に本屋が存在し、そこに携わってしまった途惑いと悲哀ももっと語っておきたかったような気もしています。

ジュンク堂書店時代についてはひと言だけ。神戸の一書店が都の風に抗して、懸命に突っ張ってきたある時期の姿までは実に美しかった、と今はここ迄でいうのを止めておきます。まだ語るには生臭すぎて、言葉足らずで誤解も生まれます。

いずれにしても、再販委託制は既に制度疲労をおこしています。これ迄の歴史的な成果は評価した上で、廃止の方向へ進んだほうがいい。実態がなくなっているのに、制度だけが残るという情けない状態になるのは、ぜひとも避けて欲しいのです。

特に委託制を維持し続けてきたことが、本屋を駄目にした最大の原因で、自分の意志で仕入れと販売を行うという当たり前のことを阻害する主要因だったのです。

本来なら、出版という文化事業を近代産業の枠組みに組み入れることを選んだ80年代の時点で、出版界全体で受容しなければならなかったはずです。

※

このところ周辺でとみに逝く人が多くなっています。近いうちに私もその仲間に入るのでしょうが、これまでの過ぎ去った日々で、お世話になった柳原書店の鴫さんなど関係者の方々、また先輩や同僚たち、特に中川道弘、長谷川敏郎の両氏、高橋由美子女史、ほかにも逝ってしまった幾人かの人たちにありがとうとやすらかにを捧げたい。

つまらないおしゃべりをこのようにうまく纏めてくれた小田光雄氏と、それを刊行してくれた森下紀夫氏に深謝申し上げます。とともにこれまで一緒に働いてくれた数多くの仲間達に感謝します。

そして今も元気に書店を盛り上げている人たちに頑張ってのひと言を贈ります。

中村　文孝

二〇一一年四月

中村 文孝（なかむら・ふみたか）
1950（昭和25）年、長野県須坂市生まれ。明治大学文学部フランス文学科1972年卒。芳林堂書店、リブロなどを経て、ジュンク堂書店2010年3月退職。同10月、ブックエンドLLP（有限責任事業組合）を立ち上げ、現在同代表。出版関連事業の後押しをしている。

✉fandkdmura@llpbookend.co.jp

リブロが本屋であったころ——出版人に聞く 4

2011年5月25日　初版第1刷印刷
2011年5月30日　初版第1刷発行

著　者　中村文孝
発行者　森下紀夫
発行所　論 創 社
東京都千代田区神田神保町2-23　北井ビル
tel. 03（3264）5254　fax. 03（3264）5232　web. http://www.ronso.co.jp/
振替口座　00160-1-155266
インタビュー・構成／小田光雄　装幀／宗利淳一
印刷・製本／中央精版印刷　組版／フレックスアート
ISBN978-4-8460-0889-5　